www.ingramcontent.com/pod-product-compliance
Lightning Source LLC
Chambersburg PA
CBHW072157060526
44654CB00046B/1322
* 9 7 8 9 3 5 8 7 2 8 1 6 3 *

فیض احمد فیض

کی فکر و نظر

(مجلہ 'معیار' [اسلام آباد] کے شمارہ ۹: سے اخذ کردہ مضامین)

مرتب:

ڈاکٹر رشید امجد

© Dr. Rasheed Amjad

Faiz Ahmad Faiz ki Fikr-o-Nazr (Essays)
by: Dr. Rasheed Amjad
Edition: February '2024
Publisher :
Taemeer Publications LLC (Michigan, USA / Hyderabad, India)

ISBN 978-93-5872-816-3

کتاب	:	**فیض احمد فیض کی فکر و نظر** (مضامین)
مرتبہ	:	**ڈاکٹر رشید امجد**
تدوین / پروف ریڈنگ	:	اعجاز عبید
صنف	:	تحقیق و تنقید
ناشر	:	تعمیر پبلی کیشنز (حیدرآباد، انڈیا)
سالِ اشاعت	:	۲۰۲۴ء
صفحات	:	۹۶
سرورق ڈیزائن	:	تعمیر ویب ڈیزائن

فہرست

(۱) فیض : ایک انسان دوست شاعر

ڈاکٹر خالد اقبال یاسر

Faiz Ahmed Faiz is an ardent humanitarian as he gives revolutionary view of social change. He seeks to promote human welfare and advocates maximum freedom for common man to develop its individual talents and faculties. As a responsible and progressive intellectual, he is deeply concerned with common human needs. Faiz is adherent particularly to the communities aspirations of deprived and oppressed classes and communities. He raised his voice against driving down wages and refusing social benefits for the workers and accumulation of wealth by the capitalists at their cost.

This paper is an attempt to highlight the outlook of Faiz as a poet emphasizing on parity in solving human problems. He concentrated on the struggle for subsistence and the conflict between economic classes based on Marxist humanism and religious ideals at the same time.

انسان دوستی اس ذہنی رویے کا نام ہے جو انسان اور اس کی خصوصیات، معاملات، دنیاوی خواہشات اور فلاح کو بنیادی اہمیت دیتا ہے۔ ایہ تو ممکن ہی نہیں کہ کوئی شاعر تو ہو انسان دوست نہ ہو۔ البتہ انسان دوستی کی سطحیں اور زاویۂ نظر مختلف ہوسکتے ہیں۔ دنیا کا کوئی بھی مسلک انسان دشمن نہیں ہو سکتا بایں ہمہ فلسفیانہ سطح پر تو انسان پسندی خود مذہب کے درجے تک بھی پہنچ سکتی ہے۔ فکری تحریک کے اعتبار سے مسلکِ انسانیت یعنی Humanism وہ " نظام یا فکری عمل کا مسلک " ہے " جس میں انسانی اور دنیاوی مفادات حاوی ہوتے ہیں۔ "۲ یہی وجہ ہے کہ humanist کو انسان پرست یا پرستارِ

انسانیت کہا گیا۔ اسی اصطلاح کا ایک مترادف Humanitarianism بھی ہے جسے علم الاخلاق کی رو سے نظریۂ انسانیت کہنا چاہیے۔ یہ علم و ادب کا ایک ایسا اصول ہے جس کے مطابق "انسان کی ذات کائنات کا مرکز ہے۔" اس نظریے کا" پیرو انسانی فلاح و بہبود کی کوشش کو ذریعۂ نجات سمجھتا ہے۔"۳ بعض مفکروں کے نزدیک انسانیت کے نظریے میں مذہبی تفریق سے بالاتر ہونا بھی شامل ہوتا ہے۔ ان کے خیال میں "انسان کا اصل فریضہ انسانیت کی فلاح و بہبود کے لیے کام کرنا ہے۔"۴ فیض احمد فیض کی انسان دوستی بھی کچھ ایسی ہی ہے جو انھوں نے شعوری طور پر اختیار کی ہے:" حیاتِ اِنسانی کی اجتماعی جدّوجہد کا ادراک اور اِس جدوجہد میں حسبِ توفیق شرکت زندگی کا تقاضا ہی نہیں فن کا بھی تقاضا ہے۔"۵ اور فیض کی شاعری کے مطالعے سے واضح ہے کہ انہوں نے واقعی انسانی فلاح کو اپنے فن کا تقاضا سمجھا اور اسے ذاتی مفادات کو بالائے طاق رکھ کر ایک فرض کی طرح نبھایا۔

بلا سے ہم نے نہ دیکھا تو اور دیکھیں گے
فروغِ گلشن و صوتِ ہزار کا موسم

(طوق و دار کا موسم / دستِ صبا / نسخہ ہائے وفا، ص۔۱۲۸)

اگرچہ فیض کی ابتدائی شاعری (نقش فریادی کے صفحہ ۶۰ تک) مجرد قسم کی عاشقی، عیش و عشرت کی خواہش، محبوب کے وصل کے لیے بے قراری اور اپنی زندگی کی زر نگاری سے آگے نہیں نکلی تاہم اس میں بھی خدا ترسی، حساسیت اور دردمندی جھلکتی ہے جو بے دست و پا انسان اور انسانیت کی عکاسی کے لیے زندگی کو کسی مفلس کی ایسی قبا سے تشبیہہ دینے کا، جس میں ہر گھڑی درد کے پیوند لگے ہوں، بالآخر سبب بن جاتی ہے۔ ہیئتی اور اسلوبیاتی تجربات کے ذریعے ایک نئی فکر اور انقلاب کی خاطر راستے ہموار کرنے کی

کوشش سے پہلے بھی ان کی ع جاں کا ہر رشتہ وقفِ سوز و گداز (نسخہ ہائے وفا، ص۔۱۷) تھا اور ع دکھتا ہوا دل لے کر مایوس سا ہو جانا (نسخہ ہائے وفا، ص ا۔ ۱۹) ان کا فطری اور عمومی رویّہ تھا۔ فیض نے وارداتِ قلب کو ابتلائے ذات میں ڈھالا اور پھر اجتماعی زندگی کے نشیب و فراز، سماجی شعور، آرزوؤں، امنگوں، حسرتوں، امیدوں اور رویوں کی ترجمانی کا فریضہ ادا کیا۔

آؤ کہ آج ختم ہوئی داستانِ عشق
اب ختمِ عاشقی کے فسانے سنائیں ہم
(مرگِ سوز محبت، نسخہ ہائے وفا، ص۔۷۸)

'عہدِ ترکِ محبت' کی یہ شاعری زندگی کو نکھارنے، سنوارنے اور معاشرے کو خوبصورت دیکھنے کی آرزو میں تبدیل ہوئی تو فیض نے اپنی انسان دوستی کی پہلی نظم 'مجھ سے پہلی سی محبت مرے محبوب نہ مانگ'، تخلیق کی۔ اب انھیں محبت کے دکھوں کے علاوہ زمانے کے آلام کا بھی احساس ہونے لگا تھا۔ حسن کی دلکشی، شیرینیٔ لب، خوشبوئے دہن، شادابیِ دل، تفریحِ نظر اب ان کی زیست کا درماں نہیں رہے تھے۔ کسی خواب کے جھوٹے افسوں سے ان کے دلِ ناداں کی تسکین ممکن نہیں رہی تھی۔ وہ زندگی کے تلخ حقائق کے مقابل کھڑے تھے اور ان مظلوموں کی آواز بن گئے تھے جو کسی ظالم کے مقابل سے قتل ہو کے ہی آتے ہیں۔ وہ لذتِ دردِ جگر، نعمتِ دید کے شکر گزار تھے اور خونِ جگر کے برفاب بننے، آنکھوں کی آہن پوشی، شعر کے خیموں کے راکھ ہونے اور نغموں کی طنابیں ٹوٹنے کا غم انھیں گھیرے ہوئے تھا۔ ایسے میں وہ سلامت ہاتھوں، خون کی حرارتوں، دل کی صداقتوں، نطق کی طاقتوں سے طوق و سلاسل کو شورشِ بربطِ نے سکھلانے کا عزم کرتے ہیں اور شام و سحر، شمس و قمر، اختر و کوکب، لوح و قلم، طبل و علم

اور مال و حشم پر اپنا حق جتانے لگتے ہیں۔ (شورشِ بربط و نے، نسخہ ہائے وفا، ص۔ ۱۲۲۔ ۱۲۳۔ ۱۲۴۔ ۱۲۵) اب ان کا دکھ انفرادی نہیں رہا بلکہ وہ اپنے دکھوں کے درماں میں تمام انسانوں کے دکھوں کا مداوا تلاش کرتے ہیں۔ وہ ایک ایسا نیا جہاں آباد کرنے کی خواہش کرتے ہیں جو ہر طرح کے استحصال اور استبداد سے پاک ہو، وہ خود اپنے رقیب کو بتاتے ہیں کہ انھوں نے عشق سے غریبوں کی حمایت اور عاجزی سیکھی، یاس و حرماں اور زیر دستوں کے مصائب کو سمجھا اور ان پر رُخِ زرد اور سرد آہوں کے معانی کُھلے۔ ان کے مزاج اور افکار میں اس تبدیلی کی طرف ہمارے دور کے اہم نقادوں نے توجہ دلائی ہے:"

انھوں نے عشق سے انقلاب کی طرف قدم بڑھایا اور خوبانِ جمال سے علیحدگی اختیار کر کے کشمکشِ اضطراب میں مبتلا ہوئے۔"٦

ان کی سوچ میں اس تبدیلی کی مظہر ان کی ایک نظم 'سوچ' ہے (نسخہ ہائے وفا، ص ۶۵۔ ۶۴)۔ انھیں تمام دنیا غمگین اور سارے جہاں کا غم اپنا غم لگنے لگتا ہے جو کسی محبوب کے اپنا ہونے سے دور نہیں ہو سکتا، اس لیے وہ خود کو اور محبوب کو دنیا کے غم اپنانے کا مشورہ دیتے ہیں اور اس کے بعد پیار میں کامیابی کی تدبیریں سوچنے کی تلقین کرتے ہیں چاہے اس کڑی جنگ میں ان کا اپنا خوں بھی بہہ جائے کیونکہ دنیا کے غم مٹانے کا ایک طریقہ یہ بھی ہے کہ خود مٹ جائیں۔ اس نظم اور بعد کی بہت سی نظموں سے یہی سمجھ میں آتا ہے کہ فیض نے انقلاب کو محبت کے وسیلے سے سمجھنے اور سمجھانے کی کوشش کی ہے اور ساتھ ہی اپنی شاعری کی غنائیت اور رمزیت کو بھی برقرار رکھا ہے جیسے پاسترناک نے بھی وجدان سے انحراف نہیں کیا اور اپنے انقلابی افکار اور خیالات کو غنائیت سے لبریز رکھا۔ ان کا نظریۂ سخن اُن کی ایک نظم "موضوعِ سخن" میں بیان ہوا ہے۔ یہ نظم اس دور کی ہے جب ان کا جذبۂ عشق اور انقلاب کی دھن باہمی کشمکش کا شکار تھے، تاہم وہ سرخ و

سیہ صدیوں کے سایوں تلے، آدم و حوا کی اولاد کی زبوں حالی، موت اور زیست کی صف آرائی، شہروں کی فراواں مخلوق کا مرنے کی حسرت میں جیئے جانا، جب کھیتوں میں اگتی بھوگ، کڑی دیواروں، خوابوں کی قتل گاہوں کے ادراک اور احساس کے ساتھ ساتھ کسی شوخ کے آہستہ سے کھلتے ہوئے ہونٹوں، اس کے جسم کے دل آویز خطوط، رنگِ رخسار پر ہلکے سے غازے کے غبار، صندلی ہاتھ پر حنا کی تحریر، اس کے ہاتھ سے مس ہونے کو ترستے ہاتھوں، آنچل، رخسار، پیراہن، چلمنِ رنگیں، زلف کی موہوم گھنی چھاؤں میں ٹمٹماتے ہوئے آویزے کو بھی اپنے افکار، اشعار کی دنیا، جانِ مضموں، شاہدِ معنٰی اور اپنی طبع کا وطن اور موضوعِ سخن قرار دیتے ہیں۔

(نسخہ ہائے وفا، ص۔۸۹، ۹۰، ۹۱)

یہ کہنا شاید غلط نہ ہو کہ ہر انسان خاص طور پر باشعور انسان جو شاعر بھی ہو، رومان پرور بھی ہوتا ہے اور حقیقت پسند بھی۔ وہ امن بھی چاہتا ہے اور تبدیلی بھی۔ اسے اپنی فلاح بھی عزیز ہوتی ہے اور بنی نوعِ انسان کی بھلائی بھی۔ اس میں شر بھی پوشیدہ ہوتا ہے اور وہ خیر سے بھی قوت حاصل کرتا ہے یا کر سکتا ہے جیسا کہ طالسطائی جیسے اشتراکی حقیقت نگار میں بھی رومان پروری کے عناصر موجود ہیں البتہ لینن ایسے رومان کو پسند کرتا تھا جو انسان کے بہتر مستقبل اور انسان کی آزادی کے لیے ہو۔ ہمارے ہاں رومان اور حقیقت پسندی، ترقی پسند نظریات سے ہم آہنگ ہو کر ایسی انسان دوستی میں ڈھلے جس پر مارکسیت کے الحاد اور مادیت پرستی کی بجائے روحانیت اور خدا پرستی غالباً گئی تھی۔ 'انگارے' کی اشاعت کو اگر اشتراکی ادیبوں کی پہلی نادانی سمجھ کر نظر انداز کر دیا جائے تو ترقی پسند تحریک پر ردِّ اخلاقیات کا الزام محض الزام رہ جائے گا۔ بیشتر ترقی پسند خود 'انگارے' کی کہیں دبے لفظوں میں اور کہیں واضح طور پر مذمت کرتے رہے ہیں۔

دراصل زندگی کی من حیث المجموع تصویر کشی ترقی پسندوں کا مطمحِ نظر تھی:

"زندگی ایک مکمل اکائی ہے۔۔۔ ادب زندگی کا آئینہ اور کاروانِ حیات کا رہبر ہے۔۔۔ ادب کی بنیادیں زندگی میں پیوست ہیں۔۔۔ زندہ اور صادق ادب وہی ہے جو سماج کو بدلنا چاہتا ہے۔۔۔ اور جملہ بنی نوع اِنسان کی خدمت کی آرزو رکھتا ہے۔"ے

سماج میں تبدیلی یا انقلاب کا مارکسی تصور 'انسانی مساوات' کے اصول پر استوار ہے۔ ایسی مساوات جو آجر اور اجیر کی اقتصادی کشمکش کے بعد ظہور پذیر ہوتی ہے۔ جب انسان کے محکم ارادے سے تغیر و تبدل رونما ہوتا ہے تو معاشرے کی خارجی طبقاتی ساخت تبدیل ہوتی ہے اور ایسے ہمہ گیر انقلاب سے ایسا ادب تخلیق ہونے لگتا ہے جو معاشرے کے ارتقاء میں ممد و معاون ثابت ہوتا ہے۔ لیکن اس انقلاب سے پہلے جن کٹھن مرحلوں سے گزرنا پڑتا ہے فیض کی شاعری دراصل معاشرتی اور معاشی تبدیلیوں کے لیے جدّوجہد اور اس کے انھی مختلف مراحل کو اجاگر کرتی ہے۔ جہاں ہر طرف قتل گاہیں سجی ہیں۔ قتل، قاتل، مقتول، زنداں، دار ورسن، زنجیریں، صلیبیں، قید و بند، لہو، طوق و سلاسل اور ان کے مترادفات و متعلقات ان کی شعری لفظیات کا حصّہ بن جاتے ہیں جن کے حوالے سے فیض مارکسی انسان دوستی اور ان انسانیت نواز روایات اور تلمیحات کے امتزاج سے ایک منفرد اسلوب تراشتے ہیں جو ہزاروں سالہ عربی عجمی تہذیبی ورثے کے طور پر ہمارے اجتماعی حافظے کا حصّہ ہیں اور ہماری شریانوں میں لہو کی طرح دوڑتی ہیں۔

دراصل اشتراکیت اس دور کا ایک مقبول نظریہ تھا اور انقلابِ روس کی کامیابی سے استعماری طاقتوں کے جبر واستبداد سے تنگ ہو کر جنگ آزما ہونے والی قوموں نے اس سے اثر قبول کرنا شروع کر دیا تھا۔ اردو کے شعراء اور ادباء بھی اس بینڈ ویگن میں سوار ہونے کے لیے اپنے معروضی حالات کا درست ادراک کئے بغیر بے تاب ہو رہے تھے۔ ایسے

میں فیض سمیت کسی کو ع کیا خبر تھی کہ چلا آئے گا الحاد بھی ساتھ، جو جامد مادیت کی کوکھ سے پھوٹا تھا۔ چنانچہ جیسے دوستوفسکی اشتراکیت کے پرچارک کے طور پر معروف ہوا لیکن اس کا خاتمہ صرف ردِّ انقلاب پر ہی نہیں عیسائیت کی تبلیغ پر ہوا تھا اسی طرح روس کی گرمیِ رفتار کو بے سود نہ کہنے والے اقبال نے روس کی دہریت کو کلیساؤں کے لات و منات توڑنے کی وحی قرار دیا تھا۔ اسی اقبال نے جب بندۂ مزدور کے اوقات کی تلخی کا ذکر کیا اور ان پر ملحدانہ اشتراکی ہونے کا الزام لگا تو انھیں فوراً اس کی واضح الفاظ میں تردید کرنا پڑی۔ ملحدانہ اشتراکیت پر ان کے خیالات بہت واضح ہیں۔ فیض پر مارکس کے افکار کا اثر صرف یہاں تک ہے کہ مارکس کے آدرش کو فیض نے بھی انسانی زندگی کا مقصد و مطلب سمجھا۔ شخصی آزادی، منافع کی منصفانہ تقسیم اور نچلے طبقوں کی بہبود کے علاوہ جنگ سے نفرت اور امن و آشتی کی خواہشات کو فیض نے اپنے دل میں بسالیا بلکہ لینن کے تتبع میں انقلاب کے تخیل کو انسانی فطرت کے مطابق سمجھ کر دوسروں کو اس کا قائل کرنے کی کوشش کی۔ اس کوشش میں فیض کی انسان دوستی اس کی ذہنی کیفیت ٹھہری جو فکر و عمل کے ایسے نظام کی خواہش کا موجب ہوئی جو ایک طرف دینی اقدار کا احترام ملحوظ رکھتے ہوئے اور دوسری طرف فطرت کے خارجی مظاہر کے ادراک کے ساتھ انسانی معمولات اور جذبات کے اظہار کا وسیلہ بنی۔

ادب میں سائنسی عقلیت پسندی کے حوالے فیض کے ہاں کم ملتے ہیں تاہم خاندان، مذہب، جنس، جنگ اور سماج کے بارے میں رجعت پسندی کے خیالات کی روک تھام میں فیض کا حصہ بذریعہ شاعری نمایاں ہے۔ انھوں نے ایسے ادبی رجحانات کا بھی سدِّباب کیا جو فرقہ پرستی، نسلی تعصب اور انسانی استحصال کی حمایت کرتے ہیں'۔ فیض نے بھوک، پیاس، سماجی پستی اور غلامی کے مسائل کو نئے ادب اور زندگی کے مسائل کے طور پر پیش

کیا۔ یہی مسائل فیض کے خیال میں انسان کو بے بسی سے دوچار کرتے ہیں اور توہم پرستی پیدا کرتے ہیں۔ ایسے مسائل پر تنقید اور ان کے خلاف جدوجہد کو عقل کی کسوٹی پر پرکھنے سے کشمکش کی جو کیفیت جنم لیتی ہے وہی تغیر اور ترقی کے دروازے کھولتی ہے۔

ماسکو میں بین الاقوامی لینن امن انعام وصول کرتے ہوئے فیض احمد فیض نے اپنی اردو تقریر میں انھی متضاد عوامل اور قوتوں کا ذکر کیا ہے۔ "تخریب و تعمیر، ترقی اور زوال، روشنی اور تیرگی، انصاف دوستی اور اِنصاف دشمنی کی قوتیں" ہی وہ عوامل ہیں جن کے درمیان کشمکش جاری ہے۔ ان کے نزدیک "جنگ اور امن کے معنی ہیں امنِ آدم کی بقا اور فنا۔ بقا اور فنا، ان دو الفاظ پر انسانی تاریخ کے خاتمے یا تسلسل کا دار و مدار ہے۔"٨ یہاں وہ صریحاً مارکسی انسانیت کو مارکس کے تاریخی مادیت اور جدلیاتی آویزش کے نظریے کے حوالے سے دیکھ رہے ہیں، وہ 'حسن برائے حسن' اور 'ادب برائے ادب کی سطح سے بلند ہو کر "غمِ جاناں اور غمِ دوراں کو ایک ہی تجربے کے دو پہلو، سمجھتے تھے اور اس ادراک کے بعد کہ 'اپنی ذات باقی دنیا سے الگ کر کے سوچنا، ناممکن ہے، فیض کے تیرہ چودہ برس 'کیوں نہ جہاں کا غم اپنا لیں' میں گزرے۔ اسی لیے ان کی نظر ان گنت صدیوں کے بہیمانہ طلسموں، ریشم و اطلس و کم خواب میں بنوائے ہوئے جابجا بکتے ہوئے خاک اور خون میں لتھڑے جسموں، امراض کے تنوروں میں بھسم ہوتے لوگوں اور جلتے ہوئے ناسوروں کی پیپ کی طرف لوٹ گئی چنانچہ انھوں نے "کتے" جیسی فکر انگیز اور روح فرسا نظم کہہ ڈالی کیونکہ ان کا دل بازار میں مزدور کے بکتے ہوئے گوشت اور شاہراہوں پر غریبوں کے بہتے ہوئے لہو کو دیکھ نہیں سکتا تھا۔ فیض کے لیے یہ ایک نیا راستہ تھا جس پر وہ پہلے نہ چلا تھا۔

میرا مسلک بھی نیا راہِ طریقت بھی نئی

میرے قانوں بھی نئے، میری شریعت بھی نئی

اب فیض بزمِ اصحابِ غم میں شامل تھا اور اسے عجز اہلِ ستم اور عظمتِ چشمِ نم کا احساس ہو چکا تھا۔ اس سے پہلے فیض کے شعری "اظہار کے تمام پیرائے، ترکیبیں، تشبیہیں، استعارے، کنایے، شعری لطف و اثر اور کشش و کیفیت پیدا کرنے کے طور طریقے بورژوا شعریات کا حصہ ہیں"۹ اور یہ مشرقی جمالیات اور عربی عجمی ثقافتی روایات کے امتزاج سے پھوٹنے والا اسلوب اپنی اصل میں مارکسی نظریے سے متصادم و متضاد ہے۔ مارکسی نظریے کو انھوں نے اپنی مرضی سے سوچ سمجھ کر اختیار کیا تھا۔ چونکہ یہ مشرقی شعری نظام فیض کے لاشعور کا حصّہ تھا اور ان کے مزاج میں رچا بسا تھا اس لیے فیض نے پرولتاری انداز فکر اور جدلیاتی کشمکش کو بھی انھی استعاروں اور تلازموں سے اجاگر کیا۔ یعنی "بورژوا، جمالیاتی پیرایوں اور طریقوں کے دبنے اور دب دب کر ابھرنے کا عمل، فیض کے ہاں اپنی ایک الگ کیفیت پیدا کرتا ہے اور 'اسی سے لطف اور اثر، دلآویزی اور دلآسائی، بالیدگی اور رچاؤ اور ترفع کی شیرازہ بندی ہوتی ہے جس کے لیے فیض مشہور ہے۔"۱۰

بجھا جو روزنِ زنداں تو دِل یہ سمجھا ہے
کہ تیری مانگ ستاروں سے بھر گئی ہوگی
چمک اٹھے ہیں سلاسل تو ہم نے جانا ہے
کہ اب سحر ترے رخ پر بکھر گئی ہوگی

لیکن ویرانیِ دوراں کو رقم کرتے کرتے فیض کا لہجہ ہنگامی اور براہِ راست بھی ہو جاتا ہے۔ سرِ وادیِ سینا کی انتسابی نظم اس کی سامنے کی مثال ہے۔ وہ کارخانوں کے مزدوروں، کھیتوں میں کام کرتے کسانوں، دماغی مزدوری کرتے کلرکوں، دکانداروں، استادوں،

طالب علموں اور عام لوگوں کو بھی سیدھا سیدھا کہنے لگتے ہیں کہ دیکھو تمھارے ساتھ کیا ہو رہا ہے۔ وہ ان ظلم کے ماروں کو لب کھولنے کی تلقین کر رہے ہیں، احتجاج کے لیے اکسا رہے ہیں کہ ع بول، زبان اب تک تیری ہے:

بول کہ ہم زندہ ہیں اب تک
بول، جو کچھ کہنا ہے کہہ لے

ماؤزے تنگ نے کہا تھا کہ "جدلی مادیت پر یقین رکھنے والے ادیبوں کے نزدیک داخلی کیفیات اور ان کے خارجی محرکات ادب کی دو ناگزیر بنیادیں ہیں اور ہر ادب پارہ خارجی اور داخلی دونوں عناصر کا مرکب ہوتا ہے۔"١١

چشمِ نم، جانِ شوریدہ کافی نہیں
تہمتِ عِشق پوشیدہ کافی نہیں

اسی لیے بازار میں پابجولاں چلنا ضروری ہوتا ہے اور حوصلہ مندی کا اظہار بھی جو نعرہ بازی میں بھی بدل جاتا ہے اور مزدوروں، ڈاکخانے کے ملازمین اور سول آزادی کی علمبردار انجمنوں کی رکنیت میں بھی متشکل ہو سکتا ہے جو مزدوروں کی عالمی انجمن میں مزدوروں کی باقاعدہ نمائندگی پر بھی منتج ہو۔ پھر بھی فیض کو یہ قدرت ضرور حاصل تھی کہ اکثر و بیشتر وقتی اور ہنگامی موضوعات پر بھی پر تاثیر اور جذبے سے بھرپور نظمیں کہتے تھے۔ دراصل بے بسوں سے ہمدردی ان کی طبیعت میں رچی بسی تھی۔ وہ دل گرفتگی اور سوز و گداز سے اکثر دوچار رہتے تھے۔

شبنم شکیل نے ان کی گوتمی مسکراہٹ کا ذکر کرتے ہوئے کہا کہ "فیض صاحب کو دوسروں کی خوشی بہت عزیز تھی" وہ کچھ ایسے ہی تھے "دوسروں کی خوشی کے لیے قربانی دینے والے۔ دوسروں کو اجلا دیکھنے کے لیے اپنے لباس پر سیاہی برداشت کرنے والے،

دوسروں کی آزادی کے لیے اپنے آپ کو گروی رکھوانے اور پھر بھی چپ رہنے والے۔" ۱۱۲اسی لیے فیض کو مارکسی انسانیت کی پیروی کرنے میں دیر نہیں لگی۔ لیکن مارکسی انسانیت کے حوالے سے یہ دیکھنا ضروری ہے کہ فیض نے اس نظریے کے صرف وہ اجزاء قبول کیے جو ان کے عقائد اور ہماری ثقافتی اور تہذیبی روایات سے متصادم نہ تھے۔ بالکل اقبال کی طرح اگرچہ انھوں نے اس کا کوئی باقاعدہ اعلان بھی نہیں کیا اور الحاد کا الزام بھی سہہ گئے۔ فیض انسانیت نواز تھے، انسان دوست تھے، وہ انسانیت کو مذہب نہیں سمجھتے تھے اور ان کی انسان دوستی اس حد تک نہیں پہنچی تھی کہ وہ کسی مافوق الادراک ہستی یعنی ذاتِ باری تعالیٰ کو خارج کر کے محض انسانی فلاح و بہبود کو ہی ذریعۂ نجات سمجھنے لگیں۔ اگرچہ وہ ایک بار کہہ اٹھے تھے کہ

جزا سزا سب یہیں پہ ہو گی
یہیں عذاب و ثواب ہو گا
یہیں سے اٹھے گا روزِ محشر
یہیں پہ روزِ حساب ہو گا

لیکن اسی نظم کے مقابل، 'وَ یبقیٰ وَجہُ رَبّک'، رکھ دیں تو فیض کے اہل یقین اور اہل ایمان ہونے پر کوئی گمان بھی نہیں رہتا۔ اس نظم کا لحن تو سراسر الہامی اور قرآنی ہے اور یہ سورہ القارعہ کا آزاد ترجمہ لگتی ہے اور اس حوالے سے نظم میں خلقِ خدا کے راج کی دعا کی گئی ہے۔ فیض کے ایم اے عربی ہونے سے ہم سب واقف ہیں۔ صرف یہی نظم ہی نہیں فیض کی ساری شاعری عربی، فارسی تلازموں، دینی اصطلاحوں اور ترکیبوں سے مرتب ہوئی ہے۔ نائبانِ خداوندِ ارض، اہلِ حرم، آبِ وضو، در صدق و وفا، بابِ دعا، دستِ غیب، ندائے غیب، خیالِ روزِ جزا، تسلیم و رضا، روزِ حساب، روزِ محشر، جذبۂ شوقِ

شہادت، سنتِ منصور و قیس بھی ان کی لفظیات کا لازمی حصّہ ہیں۔ اسی لیے تو اشفاق احمد نے انھیں ملامتی صوفی کہا ہے۔

"انھوں نے صوفیا کا تیسر اراستہ اختیار کیا ہے جو مجاہدے پر محیط ہے۔۔۔ یہ ادب، یہ صبر، ایسا دھیما پن، اس قدر درگزر، کم سخنی اور احتجاج سے گریز۔۔۔"۱۳

حیرت ہے کہ فیض کو جاننے والے انھیں 'ٹھنڈے مزاج کے بے حد صلح پسند آدمی' کی حیثیت سے جانتے ہیں۔ '' وہ برہم ہوتے ہیں نہ مایوس۔ سب کچھ تحمل اور خاموشی سے برداشت کر لیتے ہیں"۱۴ لیکن ان کا طیش، شدّتِ جذبات، ہیجان، احتجاج اور طوفانوں کی رستاخیز ان کی شاعری کی پہچان ہے۔ وہاں وہ ایک بالکل مختلف انسان دکھائی دیتے ہیں۔ وہ دنیا بھر کے مظلوموں کے ترانے لکھتے ہیں اور سطوتِ اسباب اور گراں باریِ آداب کے ماحول میں 'کہرام یارب!' اور ربّا سچیا! لاؤ تو قتل نامہ مرا، اور اٹھاتاں نوں جٹّا جیسی پر عزم اور بلند آہنگ شاعری کرتے ہیں۔ چاہے ع زنجیر چھنکتی ہی چھنکتی ہی رہے (اے دِلِ بے تاب ٹھہر! نسخہ ہائے وفا، ص ۱۰۸)۔ زباں پر مہر لگ جائے تو وہ ہر حلقۂ زنجیر میں زباں رکھتے ہیں اور خونِ دل میں انگلیاں ڈبو کر ان سے قلم کا کام لینے لگتے ہیں۔ حاصلِ کلام یہ کہ تشکیک کو جرم نہیں اخلاق کا ایک پہلو سمجھنے والے اہلِ صدق و وفا میں سے ایک فیض احمد فیض ایسے شاعروں میں سے ہیں جو انسانیت نواز ہیں، انسان پرست نہیں خدا پرست ہیں۔ فردِ عمل، جزا سزا اور کڑے وقت میں خدا کو پکارنے اور اچھے وقت میں خدا کو یاد رکھنے والے فیض ایسے انسان دوست تخلیق کار ہیں جو معقولیت کو الہامی اور تخلیقی سرگرمی کے ایک محرّک کے طور پر قبول کرتے ہیں۔ چاہے انسان دوستی کو لامذہب سمجھا جائے یا مذہبی۔ فیض نے اس نظریے کو اپنی طبیعت اور مزاج سے ہم آہنگ پایا ہے اور اسے اخلاقی، سماجی، سیاسی اور روحانی قدر کے طور پر قبول کیا ہے۔

آدمیت احترامِ آدمی
باخبر شو از مقامِ آدمی
(اقبال)

فیض کی انسان سے محبت کو احمد ندیم قاسمی نے یوں اپنے الفاظ میں سمویا ہے:

"فیض کو سامراج سے نفرت ہے، سرمایہ داری اور جاگیر داری سے نفرت ہے، غلامی اور انسانوں کے ہاتھوں کروڑوں انسانوں کے سفاکانہ استحصال سے نفرت ہے۔ اتنی بہت سے نفرتیں جب اظہار پاتی ہیں تو شعروں، چیخوں، فریادوں سے کان پڑتی آواز سنائی نہیں دیتی مگر فیض کے ہاں ایسی کوئی کیفیت ہے ہی نہیں۔ دراصل ان سب نفرتوں پر فیض کی بنی نوعِ انسان سے محبت آسمان کی طرح چھاگئی ہے۔ یہ ساری نفرتیں فیض کی ہمہ گیر انسان دوستی کی لپیٹ میں آگئی ہیں"۔ ۱۵

حوالہ جات و حواشی

۱۔ انسائیکلوپیڈیا بریٹینیکا، جلد۔ ۱۱، ولیم بینٹن، لندن، ۱۹۶۷ء، ص ۸۲۵۔

۲۔ قومی انگریزی۔ اردو لغت: مرتبہ، ڈاکٹر جمیل جالبی، مقتدرہ قومی زبان اسلام آباد، ۲۰۰۲ء، ص ۹۴۲۔

۳۔ جامع انگلش۔ اردو ڈکشنری جلد سوم، بیورو فار پروموشن آف اردو، وزارتِ ترقیٔ انسانی وسائل، حکومتِ ہند، نئی دہلی، ۱۹۹۵، ص ۱۶۸۱۔

۴۔ قومی انگریزی۔ اردو لغت مذکور: ص ۹۴۲۔

۵۔ فیض احمد فیض: دیباچہ دستِ صبا، مشمولہ نسخہ ہائے وفا، مکتبۂ کارواں، لاہور، س۔ ن، ص ۱۰۴

۶۔ انور سدید، ڈاکٹر، اردو ادب کی تحریکیں، انجمن ترقیٔ اردو پاکستان، کراچی،

۱۹۹۵ء، ص ۵۳۰۔

۷۔ اختر حسین رائے پوری: اعلان نامہ، ساہتیہ پریشد، اپریل، ۱۹۳۶ء مشمولہ ادب اور انقلاب، اردو اکادمی سندھ، کراچی، ۱۹۵۸، ص، ۸-۷

۸۔ فیض احمد فیض: تقریر مشمولہ نسخہ ہائے وفا مذکور، ص ۳۰۰۔

۹۔ گوپی چند نارنگ، ڈاکٹر، "فیض کو کیسے نہ پڑھیں؟" مشمولہ ماہنامہ اردو دنیا، دہلی، شمارہ مارچ ۲۰۱۱ء ص، ۲۸-۳۹۔

(یہی مضمون ڈاکٹر سید تقی عابدی کی مرتبّہ کتاب 'فیض فہمی' میں بھی شامل ہے، ص ۶۵-۷۲)

۱۰۔ ایضاً، ص ۳۰۔

۱۱۔ ظہیر کاشمیری: ادب کے مادی نظریے، کلاسیک، لاہور ۱۹۷۵، ص ۱۴۷، اس نظم سے مجید امجد کی کتاب 'شبِ رفتہ کے بعد' کے انتساب کا تقابلی مطالعہ بھی نقادوں کے لیے دلچسپی کا باعث ہو سکتا ہے۔

۱۲۔ شبنم شکیل: 'یہ جان تو آنی جانی ہے، مشمولہ فیض فہمی مرتبہ ڈاکٹر سید تقی عابدی، ملٹی میڈیا افیئرز، لاہور، ۲۰۱۱ء، ص ۱۱۶۵۔

۱۳۔ اشفاق احمد: 'ملامتی صوفی' مشمولہ نسخہ ہائے وفا مذکور، ص ۴۹۵-۴۹۶۔

۱۴۔ شیر محمد حمید: فیض سے میری رفاقت، مشمولہ نسخہ ہائے وفا مذکور، ص ۵۰۱۔

۱۵۔ احمد ندیم قاسمی: 'فیض۔۔۔ نظریات کا شاعر، مشمولہ فیض فہمی مذکور، ص ۱۷۳۔

(۲) فیض اور اکیسویں صدی کا منظر نامہ

ڈاکٹر عبد الکریم خالد

Faiz Ahmad Faiz is a metaphor of peace, fraternity and justice against the international forces of oppression, autocracy and exploitation. He was against war but he fought against the exploiting forces who stained their hands with the blood of the oppressed, and continued his struggle through his pen. Peace and liberty was a dream of Faiz. His optimistic tone and belief in the bright future is a symbol of dawn in the dark night. The revolution which Faiz has discussed is just to appear in the form of decline of Capitalism at global level. None is more aware of the basic problems and issues of Pakistan than Faiz. For him, the solution to the problems of Pakistan is only to rescue the people from every kind of oppression and indoctrination.

بیسویں صدی کے تیسرے دہے میں پہلی عالم گیر جنگ کے نتائج ایک نئی ہنگامہ خیز صورت حال کو جنم دے رہے تھے۔ نئی دریافتوں، ایجادات اور انکشافات نے دنیا کو ایک حیرت سرا کا روپ دے دیا تھا۔ تہذیبی، سیاسی، سماجی اور اقتصادی سطح پر انسان کی فکر ایک نیا رُخ اختیار کرنے لگی تھی۔ یہ وہ زمانہ ہے جب ہندوستان میں اقبال سمیت ایک سے بڑھ کر ایک شخصیت موجود تھی اور اس کے ساتھ ہی نوجوانوں کی وہ نسل بھی، جس نے اپنی تاریخ اور فکری سرمائے پر نئے سرے سے غور کرنا شروع کر دیا تھا۔ اس نسل کا امتیاز یہ تھا کہ اس نے انگریزی کے وسیلے سے جدید تعلیم تک رسائی حاصل کر کے فکری حوالوں سے زندگی کا ایک نیا تصوّر پایا تھا۔ فیض اور ان کے ہم عصر نوجوان اِسی نسل کے نمائندہ تھے جس کے جدید ذہن کی فکری بنیاد اپنی روایات کے دائرے میں رہ کر ایک

عالمی تصوّر سے وابستہ تھی۔ بقول عزیز حامد مدنی:

"فیضؔ کے ذہن نے اپنی تاریخ کے پسِ منظر میں اور اُن اثرات سے جو ہندوستان اور ہندوستان سے باہر کی فضا میں مرتّب ہو رہے تھے، ایک نیا رُخ تلاش کیا، ایسی آگہی جو تخلیق کی ذمے داری اُٹھا سکتی ہے۔ الفاظ کی نئی ترتیب، نئے تخیلی نقش، نئے امیج کے ساتھ آتی ہے۔ فیضؔ کی شاعری ایک نئے ذہن، ایک نئی آگہی کی شاعری ہے جس کی مماثلت دوسری زبانوں کے شعرا کے یہاں ملے گی۔۔۔ کسی بھی زبان کی شاعری کا رُخ باہر کی طرف نہیں ہوتا۔ وہ اپنے معاشرے سے پیوستہ ہو کر ہی قوت پاتی ہے۔ فیضؔ کا کلام اپنے حسنِ معنی میں اِسی بات کا مظہر ہے۔ اچھے ذہنوں کا یہ فرض ہو جاتا ہے کہ مماثل ذہن کی آگہی کو اپنے ہی مواد سے پیوستہ کر کے نئے محاورے اور نئے نقش میں منتقل کریں۔"۱

ہر بڑے شاعر کی طرح فیض کی اوّلین نمود بھی ایک رومانی شاعر کے طور پر ہوئی تاہم اِس رومانویت میں بھی ایک فکری اُفق کی تلاش کا عمل جاری نظر آتا ہے۔ فیضؔ نے جلد ہی یہ محسوس کر لیا کہ شاعری کے لیے کسی مثبت جدید نظریے کا شعور لازمی ہے۔ چناں چہ نقشِ فریادی کے بعد "دستِ صبا" میں یہ شعور پختہ تر ہو کر نمایاں ہوتا ہے جس کے ابتدائیے میں فیض لکھتے ہیں:

"شاعر کا کام محض مشاہدہ نہیں، مجاہدہ بھی اس پر فرض ہے۔ گرد و پیش کے مضطرب قطروں میں زندگی کے دجلہ کا مشاہدہ اس کی بینائی پر ہے، اِسے دوسروں کو دکھانا اس کی فنی دسترس پر، اس کے بہاؤ میں دخل انداز ہونا اس کے شوق کی صلابت اور لہو کی حرارت پر۔۔۔ اور تینوں کام مسلسل کاوش اور جدوجہد چاہتے ہیں۔"۲

"حیات انسانی کی اجتماعی جدوجہد کا ادراک اور اس جدوجہد میں حسبِ توفیق شرکت، زندگی کا تقاضا ہی نہیں، فن کا بھی تقاضا ہے۔ فن اسی زندگی کا ایک جزو اور فنی

جد وجہد اسی جد وجہد کا ایک پہلو ہے۔" ۳

فیضؔ کی شاعری اس مجاہدے کی روداد بیان کرتی ہے جسے انھوں نے حیاتِ انسانی کی اجتماعی جد وجہد کے ادراک کا نام دیا اور شاعر کے لیے ضروری قرار دیا۔ دوسری طرف اُن کے اس تجربۂ حیات کی ترجمانی کا فریضہ بھی انجام دیتی ہے جو ان کی ہم عصریت کے دائرے سے وسعت پا کر آنے والے زمانوں کا احاطہ کرتی ہے۔ اور اِس طرح اپنے زمانے کے فکر واحساس اور فہم و ادراک کی علامت ہی نہیں بلکہ عہد آئندہ کے امکانات کو بھی اپنے دامن میں سمیٹتی ہوئی پیش آمدہ انقلابات کی عکس بین بن جاتی ہے۔ فیض نے اکیسویں صدی کے طلوع سے پہلے ہی رختِ سفر باندھ لیا۔ مگر انھیں یقین تھا کہ انھوں نے جس صبح کی تمنّا کی ہے اس کے آثار ظاہر ہو چکے ہیں:

تیر گی ہے کہ امنڈتی ہی چلی آتی ہے
شب کی رَگ رَگ سے لہو پھوٹ رہا ہو جیسے
چل رہی ہو کچھ اس انداز سے نبضِ ہستی
دونوں عالم کا نشہ ٹوٹ رہا ہو جیسے
رات کا گرم لہو اور بھی بہہ جانے دو
یہی تاریکی تو ہے غازۂ رخسارِ سحر
صبح ہونے ہی کو ہے اے دلِ بے تاب ٹھہر ۴

اکیسویں صدی کا آغاز ابھی کل کی بات لگتا ہے مگر اس کل کی بات پر بھی بارہ برس بیت چکے ہیں۔ اِن دس برسوں میں کیا کچھ نہیں ہوا۔ پاکستان کے اندر اور عالمی سطح پر جو خونیں حادثات رونما ہوئے ہیں انھیں بیان کرتے ہوئے کلیجہ منہ کو آتا ہے۔ تاریک راہوں میں مارے جانے والوں کی دُکھ بھری کہانیاں بیان کرنے کا یارا نہیں۔ عراق اور

افغانستان پر فوج کشی، ڈرون حملے، دہشت گردی، معصوم انسانوں کا قتل، عالمی بساط پر امریکی چال کے مختلف مظاہر ہیں۔ کمزور ملکوں کو اپنا باجگزار بنانے اور وہاں کے عوام پر عرصۂ حیات تنگ کرنے کے یہ ہتھکنڈے انسان حقوق کے دعویداروں کا اصل چہرہ دکھاتے ہیں۔ فیضؔ کو زندگی بھر اِس بات کا شدّت سے احساس رہا۔ وہ جنگ کے خلاف تھے لیکن انھوں نے استعماریت، استحصال پسندوں اور معصوم انسانوں کے خون سے ہاتھ رنگنے والوں سے جنگ جاری رکھی۔ امن اور آزادی سے محبت کرنے والے فیضؔ کے یہ الفاظ آبِ زر سے لکھنے کے لائق ہیں:

"امن اور آزادی بہت حسین اور تاب ناک چیزیں ہیں اور سبھی تصوّر کر سکتے ہیں کہ امن گندم کے کھیت ہیں اور سفیدے کے درخت، دلہن کا آنچل ہے اور بچوں کے ہنستے ہوئے ہاتھ، شاعر کا قلم ہے اور مصوّر کا موئے قلم اور آزادی ان سب صفات کی ضامن اور غلامی اِن سب خوبیوں کی قاتل ہے۔"۵

فیضؔ کا رجائیت پسندانہ لہجہ اور روشن مستقبل پر یقین، ہمیں حوصلہ بھی دیتا ہے۔ وہ رات کی تاریکی کو غازۂ رخسارِ سحر سمجھتے تھے۔ بین الاقوامی لینن امن انعام کی تقریب سے خطاب کرتے ہوئے انھوں نے کہا:

"ساری دنیا کے خزانے انسانی بس میں آسکتے ہیں تو کیا انسانوں میں ذی شعور، منصف مزاج اور دیانت دار لوگوں کی اتنی تعداد موجود نہیں ہے جو سب کو منوا سکے کہ یہ جنگی اڈے سمیٹ لو، یہ بم اور راکٹ، توپیں، بندوقیں سمندر میں غرق کر دو اور ایک دوسرے پر قبضہ جمانے کے بجائے سب مل کر تسخیر کائنات کو چلو۔ جہاں جگہ کی کوئی تنگی نہیں ہے جہاں کسی کو کسی سے الجھنے کی ضرورت نہیں ہے جہاں لامحدود فضائیں اور اَن گنت دنیائیں ہیں۔ مجھے یقین ہے کہ سب رکاوٹوں اور مشکلوں کے باوجود ہم لوگ انسانی برادری سے یہ

بات منوا کر رہیں گے۔

مجھے یقین ہے کہ انسانیت جس نے اپنے دشمنوں سے آج تک کبھی ہار نہیں کھائی۔ اَب بھی فتح یاب ہو کر رہے گی اور آخر کار جنگ و نفرت اور ظلم و کدورت کے بجائے ہماری باہمی زندگی کی بناوہی ٹھہرے گی جس کی تلقین فارسی شاعر حافظ نے کی تھی:

خلل پذیر بود ہر بنا کہ می بینی
مگر بنائے محبت کہ خالی از خلل است ٦

خوش آئند بات یہ ہے کہ فیضؔ نے جس تبدیلی اور انقلاب کی بات کی ہے وہ تبدیلی اور عالم گیر انقلاب عالمی سرمایہ دارانہ نظام کے زوال کی صورت میں رونما ہونے کو ہے۔ وہ ظالمانہ نظام، جس نے تیسری دنیا کے ممالک کو اپنے شکنجے میں کس رکھا تھا۔ اَب خود امریکی عوام کو بھی اس کی خامی کا ادراک ہو گیا ہے کہ اِس نظام میں ترقی صرف سرمایہ دار سے وابستہ ہے۔ جو محنت کش طبقے کا سب سے زیادہ استحصال کرتا ہے۔ گزشتہ چند برسوں سے اِس ظالمانہ سرمایہ داری نظام کے خلاف دنیا کے ۹۰ ملکوں کے ۹۵۰ شہروں میں اضطراب انگیز تحرک پیدا ہو رہا ہے جس میں اس استحصالی نظام اور امریکہ کی جنگی پالیسیوں کے خلاف ایک بھرپور انقلاب رونما ہوتا ہوا دکھائی دے رہا ہے۔ اس کے علاوہ آمرانہ حکومتوں اور بادشاہتوں کے خلاف عوام کی جدوجہد بھی رنگ لا رہی ہے اور آمروں کا عبرت ناک انجام دنیا کا بچہ بچہ دیکھ رہا ہے۔ اس منظر نامے کو دیکھ کر فیض کی نظم "ویبقیٰ وجہ ربک" یاد آتی ہے جس کا ایک ایک لفظ صداقت پر مبنی ہے۔

ہم دیکھیں گے

ہم اہلِ صفا، مردودِ حرم
لازم ہے کہ ہم بھی دیکھیں گے

مسند پہ بٹھائے جائیں گے
وہ دن کہ جس کا وعدہ ہے
سب تاج اُچھالے جائیں گے
جو لوحِ ازل میں لکھا ہے
سب تخت گرائے جائیں گے
جب ظلم و ستم کے کوہ گراں
بس نام رہے گا اللہ کا
روئی کی طرح اُڑ جائیں گے
جو غائب بھی ہے حاضر بھی
ہم محکوموں کے پاؤں تلے
جو منظر بھی ہے ناظر بھی
جب دھرتی دھڑ دھڑ دھڑ کے گی
اُٹھے گا انا الحق کا نعرہ
اور اہل حکم کے سر اوپر
جو میں بھی ہوں اور تم بھی ہو
جب بجلی کڑ کڑ کڑ کے گی
اور راج کرے گی خلقِ خدا
جب ارضِ خدا کے کعبے سے
جو بھی ہوں اور تم بھی ہو
سب بُت اٹھوائے جائیں گے

ارضِ وطن۔۔۔ پاکستان سے فیضؔ کو ایک خاص تعلقِ خاطر تھا۔ وہ زندگی کی آخری سانسوں تک اس کی محبت میں سرشار رہے۔ وہ یہاں کے بنیادی مسائل، تقاضوں اور اُمنگوں کا بھرپور ادراک رکھتے تھے۔ اُن کے نزدیک وطن عزیز کے تمام مسائل کا حل اس بات میں مضمر تھا کہ اس کے عوام کو ہر قسم کے جبر اور ظلم سے نجات دلا کر انھیں اس کی عظمت اور خوش حالی کا اصل وارث بنایا جائے۔ چناں چہ اس بات کو انھوں نے قیامِ پاکستان کے فوراً بعد محسوس کر لیا تھا۔ اس حوالے سے اُن کی یہ تحریر ہمارے سیاست دانوں اور حکمرانوں کے لیے قدرِ اوّل کے لائق ہونی چاہیے۔

"پاکستان کی سب سے بڑی دولت ہمارے وسیع میدان اور فلک آشنا پہاڑ، ہمارے لہلہاتے ہوئے کھیت، بہتے ہوئے دریا، ہماری مدفون معدنیات یا معلوم دنیوی ذخائر نہیں۔ ہماری سب سے بڑی دولت ہمارے عوام ہیں۔ پاکستان کی عظمت اور خوش حالی کا وارثِ اوّل بھی انھی کو ہونا چاہیے۔ اس لیے ہمیں لازم ہے کہ ہر سیاسی و سماجی یا اقتصادی مسئلہ کو ان ہی شاکر اور بے زبان عوام کی نظر سے دیکھیں۔"[۸]

آج اکیسویں صدی میں پاکستان ہمیشہ کی طرح پھر ایک نازک موڑ پر کھڑا ہے۔ اندرونی اور بیرونی سطح پر خطرناک مسائل نے اس کا راستہ روک رکھا ہے۔ فیضؔ نے اپنی شاعری اور نثر میں جن مسائل کی نشان دہی کی وہ آج ایک گھمبیر صورت اختیار کر چکے ہیں۔ عوام آج بھی سیاست دانوں کے اوچھے ہتھکنڈوں اور ہوسِ اقتدار کا شکار ہیں۔ فضا میں ایسی گھٹن ہے کہ سانس تک لینا مشکل ہو گیا ہے۔ فیضؔ کو بھی ایسی ہی صورت حال میں اپنی آواز اٹھانا پڑی۔ مشکل حالات میں بھی وہ خاموش نہیں ہوئے اور نہ ہی حالات سے مایوس ہوئے۔

"صبح ہونے ہی کو ہے اے دلِ بے تاب ٹھہر"

کہہ کر اُمید کی شمع روشن کرتے رہے۔ ہمیں بھی رات کی تاریکی میں اُمید کا دیا جلا کر صبح کا انتظار کرنا چاہیے۔

یہی جنوں کا یہی طوق و دار کا موسم
یہی ہے جبر یہی اختیار کا موسم
بلا سے ہم نے نہ دیکھا تو اور دیکھیں گے
فروغِ گلشن و صوتِ ہزار کا موسم ۹

حوالہ جات

۱۔ عزیز حامد مدنی، آج بازار میں پابجولاں چلو (فیض احمد فیض، ایک مطالعہ)، کراچی، اردو اکیڈمی سندھ، ۱۹۸۸ء، ص ۲۰۔ ۲۲

۲۔ فیض احمد فیض، ابتدائیہ دستِ صبا، نسخہ ہائے وفا، تیسرا ایڈیشن، لاہور، مکتبہ کارواں، ۱۹۸۵ء، ص ۱۰۳

۳۔ فیض احمد فیض، ابتدائیہ دستِ صبا، نسخہ ہائے وفا، ص ۱۰۴

۴۔ فیض احمد فیض، اے دلِ بے تاب ٹھہرا (دستِ صبا)، نسخہ ہائے وفا، ص ۱۰۸

۵۔ فیض احمد فیض، بین الاقوامی لینن امن انعام کی تقریب سے خطاب، دستِ تہِ سنگ، نسخہ ہائے وفا، ص ۳۰۴

۶۔ ایضاً

۷۔ فیض احمد فیض، ویبقٰی وجہُ ربّکَ۔

۸۔ فیض احمد فیض، روزنامہ امروز، ۴ مارچ ۱۹۴۸ء

۹۔ فیض احمد فیض، طوق و دار کا موسم، دستِ صبا، نسخہ ہائے وفا، ص ۱۲۸

(۳) فیض کی اقبال فہمی

ڈاکٹر خالد ندیم

Faiz is recognized as a prominent and distinguished Urdu poet. The poet from progressive movement whose artistic approach is admired by every school of art. Faiz is also recognized as a critic of literature. Mostly, progressive writers opt the way to defy Iqbal's glorious stature but Faiz admitted Iqbal's personal and poetic grace and rejected the criticism and speeches against Iqbal by progressive writers. The given article discusses Faiz's association with Iqbal and criticism on the art of Iqbal with reference to Faiz's writings.

فیض کے آغازِ شعور میں علامہ اقبال کی شہرت کا دائرہ ہندوستان کی سرحدوں کو عبور کر کے مشرق و مغرب تک پھیل چکا تھا، ایسے میں فیض کا اقبال سے متاثر ہونا بالکل فطری تھا۔ ایہ وہ دور تھا، جب اختر شیرانی و حفیظ جالندھری کی نغمگی، حسرت موہانی کا تغزل اور جوش کی انقلابی لَے نوجوان نسل کو کسی نہ کسی طور متاثر کر رہی تھی اور ساتھ ہی ساتھ میر اجی اور راشد کی سرگوشیاں بھی محسوس کی جا رہی تھیں۔ فیض ان سب آوازوں کو بغور سن رہے تھے، لیکن ان کی پہلی شعری توجہ کا مرکز اقبال بنے، چنانچہ اپنے زمانۂ طالب علمی کے دَوران (۱۹۳۱ء میں) گورنمنٹ کالج، لاہور میں منعقدہ ایک مشاعرے میں 'اقبال' کے عنوان پر انعامی مقابلے کے لیے فیض نے بھی ایک نظم لکھ کر اقبال کو خراجِ عقیدت پیش کیا۔ یہ نظم بعد ازاں گورنمنٹ کالج کے ادبی مجلے راوی میں 'اقبال' کے عنوان سے شائع ہوئی:

زمانہ تھا کہ ہر فرد انتظارِ موت کرتا تھا

عمل کی آرزو باقی نہ تھی بازوئے انساں میں
بساطِ دہر پر گویا سکوتِ مرگ طاری تھا
صدائے نوحہ خواں تک بھی نہ تھی اس بزمِ ویراں میں
رگِ مشرق میں خونِ زندگی تھم تھم کے چلتا تھا
خزاں کا رنگ تھا گلزارِ ملت کی بہاروں میں
فضا کی گود میں چپ تھے ستیز انگیز ہنگامے
شہیدوں کی صدائیں سو رہی تھیں کارزاروں میں
سنی واماندۂ منزل نے آوازِ درا آخر
ترے نغموں نے آخر توڑ ڈالا سحر خاموشی
می غفلت کے ماتے خوابِ دیرینہ سے جاگ اٹھے
خود آگاہی سے بدلی قلب و جاں کی خود فراموشی
عروقِ مردۂ مشرق میں خونِ زندگی دَوڑا
فسردہ مشتِ خاکستر سے پھر لاکھوں شرر نکلے
زمیں سے نوریاں تک آسماں پرواز کرتے تھے
یہ خاکی زندہ تر، پائندہ تر، تابندہ تر نکلے
نبود و بود کے سب راز تو نے پھر سے بتلائے
ہر اک فطرت کو تو نے اس کے امکانات جتلائے
ہر ایک قطرے کو وسعت دے کے دریا کر دیا تو نے
ہر اک ذرّے کو ہمدوشِ ثریا کر دیا تو نے
فروغِ آرزو کی بستیاں آباد کر ڈالیں

زجاجِ زندگی کو آتشِ دوشیں سے بھر ڈالا
طلسم کن سے تیرا نغمۂ جاں سوز کیا کم ہے
کہ تو نے صد ہزار افیونیوں کو مرد کر ڈالا

پروفیسر علی احمد فاطمی کے خیال میں اس [نظم] سے اقبال کی عظمت پر روشنی پڑتی ہی ہے، خود فیض کے شعورِ فکر و فن کا بھی اندازہ ہوتا ہے۔ ۲ نظم کا تانا بانا، ردیف و قافیہ، تراکیب اقبال اور فیض کے فکری رشتوں کی نشان دہی کرتے ہیں۔ اس نظم کو محض ابتدائی اثر پذیری کہہ کر فراموش کیا جا سکتا تھا، اس لیے بھی کہ یہ نظم بعد میں ان کے کسی مجموعۂ کلام میں شامل نہ ہو سکی، لیکن فیض اپنے بعض بیانات اور تحریروں میں تسلسل کے ساتھ اقبال سے اپنی عقیدت کا اظہار کرتے رہے۔

اقبال کی زندگی میں ان پر تین قسم کے اعتراضات کیے گئے۔ اوّل اوّل اہل زبان نے ان کے زبان و بیان پر گرفت کی اور بعد میں ان کے افکار پر تنقید کی جانے لگی، لیکن جب کسی صورت بات نہ بنی تو اقبال کی شخصیت کو بھی ہدفِ تنقید بنایا جانے لگا۔ انجمن ترقی پسند مصنفین کی تشکیل سے بھی ایک سال قبل ڈاکٹر اختر حسین رائے پوری نے اپنے معروف مقالے 'ادب اور زندگی' میں اقبال کو فاشسٹ قرار دیتے ہوئے ان کے بعض خیالات پر سخت تنقید کی ۳ اور ۱۹۴۳ء میں 'اردو ادب کے جدید رجحانات' میں ترقی پسند تحریک کے فروغ میں اقبال کی رحلت کو اہم واقعہ قرار دیا۔ ۴ پھر تو ہر ترقی پسند نقاد اقبال پر اعتراض کو اپنا فرضِ اوّلین سمجھنے لگا۔ ان حالات میں فیض سب سے الگ اور منفرد دکھائی دیتے ہیں۔ ان کی تنقیدی بصیرت کی داد دینا پڑتی ہے، کیونکہ دیگر ترقی پسند ناقدین کے برعکس، وہ ایک ہی فکری جست سے اوائل جوانی ہی میں اعترافِ اقبال کی منزل تک پہنچ گئے تھے۔ روزگارِ فقیر کے پیش لفظ میں انھوں نے یہاں تک کہہ دیا کہ اب یہ ثابت

کرنے کی ضرورت باقی نہیں رہی کہ علامہ اقبال ہمارے دور کے سب سے اہم اور سب سے عظیم المرتبت شخصیت تھے ۵، بلکہ انھوں نے اقبال کی وفات پر ایک نظم کے ذریعے انھیں خراجِ عقیدت بھی پیش کیا۔ یہ جذباتی یا فرمائشی قسم کی نظم نہیں تھی، بلکہ فیض نے اسے اپنے اوّلین مجموعۂ کلام نقش فریادی میں شامل کرنا بھی ضروری خیال کیا۔ فیض لکھتے ہیں:

آیا ہمارے دیس میں اِک خوش نوا فقیر
آیا اور اپنی دھن میں غزل خواں گزر گیا
سنسان راہیں خلق سے آباد ہو گئیں
ویران میکدوں کا نصیبہ سنور گیا
تھیں چند ہی نگاہیں، جو اس تک پہنچ سکیں
پر اُس کا گیت سب کے دِلوں میں اُتر گیا
اب دُور جا چکا ہے وہ شاہِ گدا نما
اور پھر سے اپنے دیس کی راہیں اداس ہیں
چند اِک کو یاد ہے کوئی اُس کی ادائے خاص
دو اِک نگاہیں چند عزیزوں کے پاس ہیں
پر اُس کا گیت سب کے دِلوں میں مقیم ہے
اور اُس کی لَے سے سیکڑوں لذت شناس ہیں
اِس گیت کے تمام محاسن ہیں لازوال
اس کا وفور، اس کا خروش، اس کا سوز و ساز
یہ گیت مثلِ شعلۂ جوالا تند و تیز

اس کی لپک سے بادِ فنا کا جگر گداز
جیسے چراغ وحشتِ صر صر سے بے خطر
یا شمع بزمِ صبح کی آمد سے بے خبر

حیرت ہے، ریاض قدیر کو ان نظموں میں اقبال کی شخصیت سے فیض کی جذباتی وابستگی کا اظہار نہیں ملا اور وہ فیض کی ان نظموں کو اقبال کی قومی اور شعری خدمات کے لیے رسمی خراجِ تحسین سمجھتے ہیں ۶۔ علی احمد فاطمی کے خیال میں، یہ نظمیں ہر گز رسمی نہیں اور اقبال سے متعلق فیض کی نظموں اور مضامین میں سچے جذبۂ فکر کا مخلصانہ اور دانشورانہ احساس و اظہار ملتا ہے۔ ۷ دوسری طرف، پروفیسر عبدالحق نے اقبال کی شخصیت، فکر اور پیغام کے بر ملا اعتراف اور مخصوص ذہنی رویے کے باوصف بے پایاں عقیدت پر تبصرہ کرتے ہوئے لکھا ہے کہ اس سے فیض کی وسعت نظر اور قلب و ذہن کی طہارت کا اندازہ ہوتا ہے۔ ۸

ہمارے ہاں یہ اندازِ نظر قدیم سے ہے کہ کسی فن کار کی عظمت کو دوسرے کی مذمت سے مشروط سمجھا گیا ہے۔ اس رویے نے محمد حسین آزاد کے ہاں آ کر عملی صورت اختیار کر لی اور پھر شبلی نعمانی نے اس روایت کو یوں کمال تک پہنچا دیا کہ انیس کے مقابلے میں دبیر چاروں شانے چت ہو گئے۔ دیگر ترقی پسند ناقدین کی طرح مجنوں گورکھپوری بھی ترقی پسندوں کی عظمت کے اعتراف کے ساتھ اقبال کو مسترد کرنا ضروری خیال کرنے لگے تھے، چنانچہ ان کی شاعری میں عقاب، شاہین، شہباز اور چیتے کی علامات کو دیکھ کر وہ یہ سمجھے کہ اقبال انسان میں بھی، بالخصوص 'مردِ مومن' میں انھی پھاڑ کھانے والے جانوروں کی خصلت دیکھنا چاہتے ہیں، ۹ حالانکہ فیض کے خیال میں، یہ خارجی واردا تیں نہیں ہیں، بلکہ :

وہ خالصتاً ایسے نشانات ہیں، جن کی مدد سے اقبال داخلی احساسات کی وضاحت کرتا ہے، ان کی اپنی کوئی حیثیت نہیں۔ اقبال کو عقاب اور شاہین سے کوئی دلچسپی نہیں۔ میرے خیال میں اس نے کبھی یہ نہیں بتایا کہ عقاب کیسا نظر آتا ہے۔ اسے جگنو، عقاب، چاند اور سورج میں کوئی دلچسپی نہیں، وہ شاعر کے لیے خارجی چیزیں نہیں ہیں، بلکہ بعض مضامین کی تشریح کے لیے نمونہ جات ہیں۔ ۱۰

گویا شاہین یا عقاب کا تعلق 'مردِ مومن' کی بعض خصوصیات کی تشریح و تفسیر سے ہے۔ مردِ مومن اور انسانِ کامل کی شخصیت کے اجزاے ترکیبی کا اظہار اقبال کے لاتعداد اشعار میں ملتا ہے، تاہم یہ جاننا ضروری ہے کہ ان کے ہاں شخصیت کو پرکھنے کا معیار کیا ہے؟ اس سلسلے میں اقبال اپنے انگریزی خطبے میں لکھتے ہیں:

The idea of personality gives us a standard of value --- that which fortifies personality is good, that which weakens it is bad۔Art, religion and ethics must be judged from the standpoint of personality ۱۱۔

چونکہ شخصیت کے فروغ و توانائی کا انحصار معاشرتی روابط پر ہوتا ہے، چنانچہ ایک مقام پر پہنچ کر، بقول فیض: اقبال کا انسانِ کامل نیتشے کے فوق البشر سے مختلف ہو جاتا ہے، اس لیے کہ اقبال کے حتمی فیصلے ہر قسم کے قومی تعصبات، استعماری مقبوضات، نسلی امتیازات، معاشرتی استحصال اور ذاتی اغراض کے سراسر خلاف ہیں۔ ۱۲

ہر بڑا شاعر ماضی کے شعری سرمایے سے اثرات قبول کرتا ہے اور مستقبل کے منظر نامے پر نقش مرتسم بھی کرتا ہے اور یہ بھی حقیقت ہے کہ عظیم شعرا کے اعتراف سے شاعر کی عظمت میں کمی واقع نہیں ہوا کرتی۔ اردو ادب کی تاریخ شاہد ہے کہ میر کی

عظمت کو ہر دَور کے شعرا نے تسلیم کیا ہے، حتیٰ کہ غالب جیسے عظیم شاعر کے ہاں بھی میر کا اعتراف موجود ہے۔ پھر اقبال کے ہاں غالب کے رنگ و آہنگ کی باز گشت سنائی دیتی ہے۔ اب، بقول پروفیسر عبدالحق، اقبال کے ادبی اقدار کو صدقِ دل سے قبول کیے بغیر چارہ نہیں، خواہ وہ کسی گروہ یا کسی قبیل کے شاعر ہوں۔ ان کے خیال میں فیض کی عظمت بھی یہی ہے کہ انھوں نے اس نکتے کو سمجھ لیا تھا اور اسے اچھی طرح برتا اور اپنے فن کی بالیدگی کو نئے جہات سے روشناس کر کے اسے تابندگی بخشی۔ ۱۳

فیض کے شعری لب و لہجے اور بیانات میں انتہا پسندی کبھی راہ نہ پا سکتی، چنانچہ اُس دَور میں بھی، جب ترقی پسند ناقدین اقبال کی شخصیت اور افکار پر جا و بے جا اعتراضات کر رہے تھے، فیض ان سے الگ تھلگ دِکھائی دیتے ہیں۔ ایک محفل میں جب احمد ندیم قاسمی نے اقبال کو رجعت پسند قرار دے کر شدید تنقید کا نشانہ بنایا تو فیض نے قاسمی صاحب کے نقطہ نظر کو مسترد کر دیا۔ ۱۴ ایک دوسرے موقع پر، فیض کی موجودگی میں کچھ حضرات ایک محفل میں اقبال پر طعن و تشنیع کر رہے تھے، بلکہ تجویزیں پاس کر رہے تھے، فیض کو اتنا ناگوار گزرا کہ اٹھ کر چلے آئے۔ ۱۵ پروفیسر عبدالحق کے خیال میں یہ صرف اقبال کی توہین یا تحقیر نہ تھی ۱۶، بلکہ بقول سید احتشام حسین، اقبال کی اس لازوال فن کی اہانت تھی، جو قوموں کی تقدیر بدل سکتی ہے۔ ۱۷

فیض نے نظریہ ادب کی حد تک اقبال کو ترقی پسند قرار دیا، کیونکہ اقبال نے ثابت کیا ہے کہ شاعر کا کام خوب صورت نظمیں اور گیت لکھنا ہی نہیں ہے، بلکہ زندگی کے عوامل اور مشاہدات کو موضوع بنانا بھی ہے ۱۸، لیکن ساتھ ہی اقبال کی شاعری کو ان کے نظریۂ ادب، موضوعِ سخن اور شاعری پر سیاسی و سماجی اثرات کے پس منظر میں ترقی پسند یا رجعت پسند قرار دینے کی تجویز بھی پیش کر دی۔ آلِ احمد سرور نے اس مطالبے کو

نامناسب قرار دیتے ہوئے اقبال کی ساری فکر کو پیش نظر رکھنے پر زور دیا ہے۔۱۹

ڈاکٹر محمد علی صدیقی کے خیال میں کہ فیض، اقبال کے اس تجزیے سے پوری طرح متفق تھے کہ کوئی دِین اور نظریہ صرف اسی وقت پامال ہوتا ہے، جب اس کی عہد بہ عہد توسیع سے منہ موڑ لیا جائے۔۲۰ چنانچہ ہم دیکھتے ہیں کہ فیض نے ترقی پسندی کو کسی جامد نظریے کے طور پر قبول نہیں کیا، بلکہ انھوں نے زمانی و مکانی اعتبار سے معروضی نقطہ نظر اپنایا اور کئی مواقع پر پارٹی لائن کو نظر انداز کیا۔

فیض کا شمار اردو کے عظیم شعرا میں تو ہوتا ہی ہے، لیکن ان کی عزت و شہرت میں ان کی دانش وری بھی نمایاں ہے اور چونکہ وہ شعر و سخن کی دنیا میں حکمت و دانائی اور فکر و فلسفے کی اہمیت کے قائل ہیں، اس لیے وہ کولرج کا یہ بیان دہراتے ہیں:

No man was ever yet a great poet without being at the same time a great philosopher ۲۱۔۔

اس سلسلے میں وہ رومی، سعدی، حافظ، خسرو اور غالب جیسے عظیم مسلمان شعرا کے ساتھ اقبال کا نام بھی لیتے ہیں، تاہم اس امتیاز کے ساتھ:

عہد وسطیٰ کے پیش رووٴں کے برعکس محض یہ نہیں کہ انھوں نے فلسفے کے مختلف مدرسہ ہائے فکر کا، جس میں قدیم و جدید دونوں شامل ہیں، بنظر غائر مطالعہ کیا تھا، بلکہ وہ ایک سے زیادہ زبانوں میں ایسا نثری سرمایہ بھی رکھتے ہیں، جس میں منطقی اختصار کے ساتھ ساتھ انھوں نے حقیقی دنیا کے مسائل کا اپنا حل پیش کیا ہے۔۲۲

فیض اردو ادب کے کلاسک کا احترام کرتے ہیں، لیکن سرمایہ دارانہ استبداد اور بڑھتی ہوئی طبقاتی خلیج کے باعث تغیر پذیر عالمی و سماجی منظر نامے میں ترقی پسند نظریات کی اہمیت بھی واضح کرتے ہیں۔ ان کا دعویٰ ہے کہ ترقی پسند ادیبوں نے مرض کی صحیح

تشخیص کی تھی اور ان کا تجویز کردہ علاج بھی صحیح تھا، لیکن اس اعتراف سے بھی انھیں عار نہیں کہ ان [ترقی پسندوں] میں غالب، اقبال یا نذیر احمد کے پائے کا کوئی ادیب نہیں تھا، جو اس نئے گھروندے کا گھر بنا سکتا۔ ۲۳

اقبال سے فیض کی عقیدت کا اظہار منظوم خراجِ عقیدت اور بعض مضامین کے علاوہ کلامِ اقبال کے ترجمے کی صورت میں بھی ہوا ہے۔ ۱۹۷۷ء میں اقبال صدی کے موقع پر اقبال اکادمی پاکستان کی دعوت پر فیض پیامِ مشرق کے منظوم اردو ترجمے کے لیے تیار ہو گئے۔ آغا ناصر اور احمد فراز کو ناگوار گزرا، لیکن فیض ترجمے کو تخلیقی سرگرمیوں سے کمتر نہیں سمجھتے تھے۔ فیض کا خیال تھا کہ پیامِ مشرق میں ہمارے مطلب کی شاعری ہے، لہٰذا اس کا اردو ترجمہ ضرور ہونا چاہیے۔ ۲۴

کہنے کو تو فیض نے اپنے دوستوں کو خاموش کرا دیا، لیکن جب ترجمہ ہوا تو 'ہمارے مطلب کی شاعری' اس میں شامل نہیں تھی۔ 'کارل مارکس'، 'ٹالسٹائے'، 'ہیگل'، 'نیتشے'، 'محاورہ مابین حکیم فرنسوی اگسٹس کومٹ و مردِ مزدور'، 'جلال و گوئٹے'، 'موسیولینن و قیصر ولیم'، 'قسمت نامہ سرمایہ دار و مزدور' کے علاوہ حکما اور شعرا پر مختلف نظموں پر مشتمل پیامِ مشرق کا حصہ 'نقش فرنگ' فیض نے نظر انداز کر دیا تھا۔

انتخابِ پیامِ مشرق کی اشاعت (۱۹۷۷ء) کے ایک برس بعد جب فیض نے اپنا شعری مجموعہ شامِ شہریاراں مرتب کیا تو اقبال کو خراجِ تحسین پیش کرنے کے لیے اس کے سرعنوان کے لیے اسی کتاب سے ایک شعر منتخب کیا:

گماں مبر کہ بپایاں رسید کارِ مغاں
ہزار بادۂ ناخوردہ در رگِ تاک است ۲۵

درج بالا گفتگو سے ظاہر ہوتا ہے کہ اقبال کی عظمت کا اعتراف فیض کی جوانی سے

ان کی فکری پختگی تک، بلکہ فن کارانہ عروج کے دَور تک پھیلا ہوا ہے۔

برعظیم میں فکری بحران سے نکلنے کی پہلی کوشش کا احساس ۱۸۵۷ء کے بعد ہوتا ہے۔ جنگ آزادی کی ناکامی اور مسلم دنیا کی زوال پذیری کے دَور میں مسلمان دو شدید رویوں کا شکار ہو گئے۔ ایک طرف مصلحت پسند سیاسی رہنما تھے تو دوسری جانب قدامت پسند علما۔ ان کے برعکس نئی دانش کے پس منظر میں اقبال کا نقطہ نظر دونوں انتہاؤں کے برعکس اعتدال پسندی سے عبارت رہا۔ اقبال کے اس رویے کا تجزیہ کرتے ہوئے فیض لکھتے ہیں:

یہ دونوں آوازیں نئے دانش ور طبقے کے لیے کوئی اپیل نہ رکھتی تھیں۔ شاعر اقبال اُن کی ناآسودگی کے سوتوں سے کماحقہٗ واقف تھے اور مفکر اقبال اُن کے اس فکری اور روحانی کرب کی ماہیت کو خود سمجھتے تھے، جو جدیدیت اور روایت کے دیوان کی کلائیوں کو گرفت میں لے کر مختلف سمتوں میں کشاکش سے پیدا کر رہے تھے۔ وہ دونوں سے ذہنی و جذباتی اُنس رکھتے تھے۔ رفتہ رفتہ انھوں نے ہندی مسلمانوں، مسلمانانِ عالم اور ـــ خدا، انسان اور فطرت کی تکون سے متعلق عصری مسائل کے جوابات تلاش کر لیے۔ ۲۶

فیض کے خیال میں، اقبال فرد میں جرات، حق شناسی، ایمان کی پختگی اور مخالف ماحول سے نبرد آزما ہونے کا عزم ابھرتا ہوا دیکھنا چاہتے تھے، چنانچہ وہ اقبال کے شاعرانہ کمالات کے ساتھ ساتھ ان کے اس خیال سے بہت متاثر ہوئے کہ انسان اپنے اندر بے پناہ قوتیں رکھتا ہے اور تمام عظمتیں اسی کے لیے ہیں۔ ۲۷ آل احمد سرور نے عظمت آدم کے فلسفے کی وجہ سے اقبال کو ہیومنسٹ قرار دیا ۲۸ تو فیض نے اقبال کے ارتقائی سفر کی مزید اگلی منزلوں کی نشان دہی کی ہے:

ابتدائی کلام میں، جوانی کے ایام کے کلام میں، اقبال کی توجہ اپنی ذات پر ہے، وہ

اپنے بارے میں لکھتا ہے، اپنے عشق کے بارے میں، اپنے غم کے بارے میں، اپنی تنہائی کے بارے میں، اپنی مایوسیوں کے بارے میں۔ پھر بانگِ درا کے دوسرے نصف حصے میں وہ اپنی ذات سے آگے بڑھ کر مسلمان قوم اور مسلم دنیا کے بارے میں لکھتا ہے۔ مسلم دنیا سے آگے بڑھ کر وہ نوعِ انساں اور نوعِ انسان سے آگے چل کر وہ کائنات کی بات کرتا ہے۔۲۹

فیض کی مندرجہ بالا رائے کے بعد ڈاکٹر محمد علی صدیقی کا یہ کہنا۔۔ 'اقبال کا عشق ہندوپاک کی ملت مسلمہ کا درد لیے ہوئے ہے، فیض نے اپنے درد کو ملت مسلمہ تک محدود نہ رکھا، بلکہ اسے پورے عالم انسانیت کا درد بنا کر پیش کیا اور یہ ایک طرح سے طرحِ اقبال میں، جو خود اقبال کے لیے طرحِ نو تھی، اضافہ ہے ۳۰

۔۔۔ درست نتیجہ فکر نہیں، کیونکہ فیض کے خیال میں تو آفاقی طریقے سے سوچنے کا ڈھب اور اس کو سوچنے کی ترغیب ہمارے ہاں اقبال نے پیدا کی ہے ۳۱ اور پھر ذہنی و جذباتی سفر کے آخری مقام پر انسان اور کائنات، خالق اور مخلوق، وَرا اور ماوَرا کے حقائق ہی اقبال کے ہاں موضوعِ شعر ٹھہرتے ہیں۔ ۳۲

سرورؔ نے مذہب کو اقبال کے فکر کا مرکز قرار دیا ہے، ۳۳ لیکن یہ امر پیش نظر رکھنا ہو گا کہ اقبال کے یہاں مذہب محض عقائد و عبادات کا نام نہیں، بلکہ حرکت و عمل سے عبارت ہے، چنانچہ انھوں نے آخرت یا جزا و سزا کی نسبت کارزارِ حیات میں جہد مسلسل پر زیادہ زور دیا ہے۔ اس کی وجہ، بقول فیض، یہ ہے کہ اقبال شاعر ہے جدوجہد کا، فطرت کی حریفانہ قوتوں کے خلاف انسان کی جنگ کا، ان قوتوں کے خلاف جنگ کا، جو روحِ انسانی کی دشمن ہیں۔ ۳۴ فیض نے ایک اَور مقام پر مذہب سے متعلق اقبال کے رویے پر روشنی ڈالی ہے:

ایسے روایتی صوفی سے، جو موجودہ دنیا کو واہمہ اور انسان کے دنیوی عمل کو کارِ لاحاصل سمجھ کر اُسے رد کر دیتا ہے، اقبال کنارہ کش ہو جاتے ہیں، مگر وہ متشرع فقیہوں اور ان کی جامد و ساکن عصبیت کو بھی پوری قوت سے رد کر دیتے ہیں۔ ۳۵

کسی فن کار کی عظمت کا انحصار روایت کی پاسداری سے زیادہ عصری مطالبات کے پیش نظر روایات کی از سرِ نَو تشکیل پر ہوتا ہے۔ بہت سے دیگر مفکروں کی طرح اقبال کے ذہنی سفر کے دَوران بھی خیالات میں تفاوت کا در آنا خارج از امکان نہیں، لیکن فیض، بظاہر دِکھائی دینے والے تضادات کو اقبال کے ارتقا کی منزلیں قرار دیتے ہوئے ۳۶ خیالات کے منطقی ربط، فطری ارتقا اور ایک نظامِ فکر کو ان کی شاعری کا اہم ترین پہلو گردانتے ہیں ۳۷، یہی وجہ ہے کہ وہ اقبال کے عہد بہ عہد نظریات میں اختلاف تو پاتے ہیں، تناقض نہیں۔ ۳۸

یہ درست ہے کہ اقبال کے ابتدائی اسلوب پر داغ کی سلاست اور غالب کا شکوہ محسوس کیا جاسکتا ہے، لیکن آگے چل کر اقبال جذبات و احساس کی جگہ خیالات و تصورات کو شاعری کی سطح سے رُوشناس کرانے والے تھے۔ اس ضمن میں فیض نے فکر و خیال کے اعتبار سے اقبال کے بدلتے ہوئے شعری لب و لہجے، لغت، علامتوں، استعارات اور اصنافِ سخن کی نشان دہی کی ہے۔ ۳۹ اس سلسلے میں فیض نے اسلوبِ اقبال کی دو خصوصیات کو اہم قرار دیا ہے:

۱۔ ایک تو یہ کہ اقبال نے تازہ خیالات و افکار کو شامل کر کے اردو شعری روایت کے فرسودہ اور بے جان استعارات و تشبیہات میں جان ڈال دی۔

۲۔ بے رنگ اور دقیق خیالات کو اس بے ساختگی سے ادا کیا کہ مضمون اپنی وقعت اور اجنبیت کے باوجود غالب کے عشق سے زیادہ رنگین معلوم ہونے لگتا ہے۔ ۴۰

اقبال کے اسلوب پر فیض کے تبصرے کے بعد اسلوبِ فیض سے متعلق پروفیسر عبدالحق کی یہ رائے نہایت وقیع محسوس ہوتی ہے، جس کے مطابق: اقبال کی طرح فیض نے قدیم شعری تلازموں، رمز و کنایات، تلمیحات و اشارات میں ایک نیا مفہوم اور نئی فکر، نئے اسالیب و اظہار کے ساتھ استعمال کیا ہے، جس کی وجہ سے پرانی اصطلاحوں یا الفاظ میں عہد جدید کے نئے مفاہیم نے ہماری شاعری کے افق کو بلند تر کیا ہے۔[۴۱]

اقبال کی ہاں جذبے کو بتدریج غیر مرصع اسلوب میں بیان کیے جانے کا رجحان ملتا ہے۔ اس غیر مرصع اسلوب کے باوجود اقبال نے اپنے کلام کو کیسے وقعت دی؟ فیض اس سوال کے جواب میں تین وجوہ بیان کرتے ہیں:

۱۔ ایک چیز، جو کلی طور پر اردو شاعری کو اقبال کا عطیہ ہے، وہ اسم معرفہ کا استعمال ہے، مثلاً کوفہ، حجاز، عراق، فرات، اصفہان، سمرقند، قرطبہ وغیرہ۔

۲۔ ایسے الفاظ کا استعمال، جو سادہ تو ہیں، لیکن نامانوس۔ جو نہ مشکل ہیں، نہ متروک، صاف شفاف الفاظ، لیکن جو پہلے استعمال نہیں کیے گئے۔

۳۔ نامانوس بحر، مثال کے طور پر مسجد قرطبہ کی بحر۔ اقبال کے ہاں کم از کم چھ ایسی بحریں ملتی ہیں، جو اس سے قبل اردو شاعری میں مستعمل نہیں تھیں۔[۴۲]

ان حربوں کے علاوہ اقبال اپنی لفظیات کو اس طرح ترتیب دیتے ہیں کہ خود ان کے صوتی اثرات شعر میں نغمگی پیدا کر دیتے ہیں اور بقول فیض: کان اس نغمگی کو بار بار سننے کے لیے بے تاب ہو جاتے ہیں اور زبان انھیں بے ساختہ دہراتی ہے۔[۴۳]

اگرچہ فیض نے اقبال کی فکر کو اُن کے خطبات اور غنائیت کو اُن کی شاعری میں تلاش کیا ہے،[۴۴] لیکن علی احمد فاطمی کے خیال میں، اقبال کے یہاں خطابت زیادہ ہے تو فیض کے یہاں غنائیت، جو فیض کی ایک مخصوص شناخت قائم کرتی ہے[۴۵]، حالانکہ فیض

خود کہہ چکے ہیں کہ جہاں تک شاعری میں sensibility، زبان پر عبور اور غنائیت کا تعلق ہے، ہم ان کی خاکِ پا بھی نہیں۔۴۶ ایک انٹرویو میں انھوں نے اس بات کا اظہار کیا تھا کہ نغمگی، موسیقی اور شعریت کے اعتبار سے بالِ جبریل اقبال کا شاہکار ہے۔۴۷

اقبال کا مطالعہ کرتے ہوئے فیض نے درست نتیجہ اخذ کیا ہے کہ صرف یہی اسٹائل اس حتمی موضوع سے مطابقت رکھتا ہے، جو اقبال نے اپنے طویل شعری سفر میں اپنایا۔ ۴۸

بہ اعتبارِ مضامین، اقبال کے غنائی دَور میں فیض کو تین اجزا کی نشان دہی کی ہے:

۱۔ عنفوانِ شباب کے عاشقانہ جذبات،

۲۔ مناظر فطرت،

۳۔ حب وطن اور قومیت کا احساس۔۴۹

فیض اس بات پر افسوس کا اظہار کرتے ہیں کہ اکثر اقبال شناسوں نے اقبال کے فلسفیانہ عقائد اور تعلیمات کی تفسیر و تشریح پر زورِ قلم صرف کیا ہے، لیکن کلامِ اقبال کے آئینے میں ان کی ذات کو دیکھنے کی کوشش نہیں کی۔۵۰ ان کا یہ کہنا بجا ہے کہ اقبال کی نظر سے دنیا کو بہت سے لوگوں نے دیکھا، اقبال کی نظر سے اقبال کا مطالعہ کسی نے نہیں کیا، ۵۱ حالانکہ فلسفیانہ موضوعات کی طرح اپنی ذات بھی ان کی شاعری کا ایک مستقل موضوع ہے اور ان کے کلام کا کوئی دَور اس موضوع سے عاری نہیں۔۵۲ فیض کے خیال میں، کلامِ اقبال میں سب سے پُر خلوص اور دل گداز جزو وہی ہے، جس کا تعلق اقبال کی ذات سے ہے، کیونکہ یہ حصہ فلسفہ و خطابت کی نسبت جذبہ و احساس کی شدت سے مملو ہے اور اس کلام پر اقبال کی حکیمانہ بزرگی کے بجائے ان کی شاعرانہ عظمت کا انحصار زیادہ ہے۔۵۳

اقبال شناسی کے ابتدائی برسوں میں ان کے شعری محاسن اور سحر کی طرف ناقدین کی عدم توجہ کی ذمہ داری فیض نے شاعر پر عائد کی ہے، کیوں کہ اقبال کے کلام میں کئی بار قارئین کو اُن کی شاعری کو نظر انداز کرنے اور ان کے پیغام پر توجہ دینے کی تلقین کی گئی ہے۔ ۵۴ یہ حقیقت ہے کہ وہ خود کو محض شاعر کہلوانا پسند نہیں کرتے تھے۔ فیض کہتے ہیں:

اقبال نہیں چاہتے تھے کہ انھیں سڑے بسے نغمہ نگاروں میں شامل کیا جائے، جن کی ہمارے یہاں بہتات ہے۔ مَیں صرف یہ کہنا چاہتا ہوں کہ اس انداز کی صحت اور عدم صحت سے قطع نظر، اقبال کے پائے کا شاعر کسی نام سے بھی پکارا جائے، عظیم ہو گا۔ ۵۵

اقبال کی شاعرانہ عظمت بجا سہی، لیکن وہ خود شاعری کی نسبت اپنے تصورات کو زیادہ اہم سمجھتے ہیں۔ اقبال نے اپنے دَور کے سیاسی، اقتصادی اور معاشرتی پس منظر میں عالمی منظر نامے کو سمجھنے کی کوشش کی ہے۔ اس ضمن میں فیض، اقبال کو عالمی کلاسک کی صف میں کھڑا کر دیتے ہیں:

تمام 'شاعرانِ اثبات'، مثلاً دانتے، ملٹن اور گوئٹے کی طرح اقبال بھی محض مجرد فکر کے حامل نہیں ہیں، انھی کی طرح وہ بھی گرد و پیش کی معاشرتی دنیا کے معاملات میں بڑے انہماک سے شامل تھے۔ ۵۶

اگر چہ یہ کوششیں اردو کے دیگر شعرا کے ہاں بھی دیکھی جا سکتی ہیں، لیکن عموماً ان کی شاعری میں تدبر و فکر کے بجائے تتبع یا غم وغصے کی کیفیت ملتی ہے ۵۷، یہی وجہ ہے کہ ان کے خیالات مؤثر جذبے کے فقدان کے باعث واعظانہ رنگ اختیار کر لیتے ہیں، جب کہ بقول فیض: اقبال اُن معدودے چند شعرا میں سے ہیں، جو محض جذباتی خلوص کے بل پر ایک فلسفیانہ پیغام کو شاعری کی سطح تک پہنچانے میں کامیاب ہوئے۔ ۵۸ دوسری جانب

وہ یہ بھی سمجھتے ہیں کہ اگرچہ اقبال فلسفی، مفکر، قومی راہبر اور مبلغ بھی تھے، لیکن جس نے ان کے پیغام کو اصل قوت اور دلوں میں گھر کر جانے کی صلاحیت بخشی، وہ ان کی شاعری ہی تھی۔ ۵۹

اس ضمن میں اقبال اور فیض کا موازنہ کرتے ہوئے علی احمد فاطمی لکھتے ہیں کہ فلسفہ کو شاعری (اقبال) اور نعرہ کو شاعری (فیض) کس طرح بنایا جا سکتا ہے، یہ درس، یہ شعور دونوں کی شاعری سے ملتا ہے۔ ان کے خیال میں ایسا اس لیے ہے کہ دونوں آرزو، خواب، حقیقت اور حکمت کے شاعر ہیں اور دونوں ہی بہتر اور صحت مند معاشرے اور زندگی کا تصور رکھتے ہیں۔ ایک نے فلسفہ کو شاعری بنا دیا تو دوسرے نے شاعری کو فلسفہ۔ ۶۰

اقبال کے فلسفے میں ان کے تصورِ خودی کو بنیادی اہمیت حاصل ہے، چنانچہ اقبال کا تصورِ مردِ مومن ہو یا تصورِ وطن، تصورِ نسواں ہو یا تصورِ تعلیم، تصورِ معیشت یا تصورِ سیاست، تمام افکار ان کے اسی تصور کے گرد گھومتے ہیں۔ مختلف سمتوں سے سفر کرتے ہوئے یہ تصورات تصورِ خودی تک پہنچتے پہنچتے بظاہر متضاد مقامات سے گزرتے ہیں، یہی وجہ ہے کہ بعض ناقدین ان کے ہاں تضاد، اختلاف یا تناقض کی نشان دہی کرتے ہیں، لیکن جیسا کہ ہر عظیم فن کار کے پیغام کی کئی جہتیں، کئی پہلو اور کئی گوشے ہوتے ہیں اور ہر شخص اپنی بصیرت اور ظرف کے مطابق اس سے مستفیض ہوتا ہے، فیض کی رائے میں، اقبال کے کلام کے بارے میں بھی یہی ہے کہ قریب قریب ہر مکتب فکر ان کو سند کے طور پر استعمال کرتا ہے ۶۱ اور ہر مکتب فکر اپنے عقائد اور نظریات کی تصدیق اور دوسرے مکتب کی تکذیب یا تنقیص کے لیے ان کا کوئی نہ کوئی مصرع یا شعر ڈھونڈ نکالتا ہے۔ انھی حالات میں فیض نے اقبال کو عہد حاضر کا سب سے مظلوم شاعر قرار دیا ہے، ۶۲ تاہم ان

کے خیال میں، کسی بڑے شاعر کے بارے میں مختلف و متضاد آرا سے اس کی عظمت میں فرق نہیں آتا، بلکہ اس کی تصدیق ہوتی ہے ۶۳ اسی لیے انھوں نے اقبال کو ایک ندی یا نہر سے تشبیہ نہیں دی، جو ایک ہی سمت کو بہے چلی جاتی ہیں، بلکہ انھوں نے اقبال کو ایک سمندر قرار دیا ہے، جو چاروں اور محیط ہوتا ہے، ۶۴ چنانچہ وہ کہتے ہیں کہ اقبال کو کسی تحریک کی چار دیواری میں بند نہیں کیا جا سکتا۔ ان کا ایک قدم پرانے وطن پرستوں میں ہے اور دوسرا قدم موجودہ ترقی پسندوں میں۔ ۶۵

اس سلسلے میں کوئی دوسری رائے نہیں کہ اقبال کے خیالات مسلسل ارتقا پذیر رہے اور یہ بھی حقیقت ہے کہ انھوں نے اپنے افکار و تصورات کے مطابق اسلوب اختیار کیا۔ فیض نے اقبال کے افکار اور اسالیب کے مابین ربط تلاش کرتے ہوئے لکھا تھا:

اقبال فن برائے فن کا شدید مخالف تھا، اس لیے ہم اس کے فن یا اسٹائل یا تکنیک یا دوسرے شعری محاسن نفسِ مضمون سے الگ کر کے نہیں دیکھ سکتے، کیونکہ اس امر کے باوصف کہ اس کا اسٹائل بتدریج بدلتا رہا، اس نے مختلف اسٹائل اختیار کیے۔ یہ سارے اسٹائل ان مضامین کے مطابق وضع کیے گئے، جو اقبال بیان کرنا چاہتا تھا، اس لیے اقبال کے اسٹائل کا ارتقا اس کے فکر کے ارتقا کے متوازی ہے اور ان میں سے ایک کو دوسرے سے علیحدہ کر کے مطالعہ کرنا نہ صرف ایک سطحی بات ہوگی، گمراہ کن بھی ہوگی۔ ۶۶

چنانچہ فیض نے اس موضوع پر تحقیقی کام کی ضرورت پر زور دیا ہے کہ علامہ کی فکر نے جو ارتقائی منزلیں طے کی ہیں، ان میں اور علامہ کے اظہارِ فکر میں کیا رشتہ اور قرب ہے اور یہ کہ ان میں کیا تبدیلیاں آئیں۔ ۶۷

ہمارے ہاں بالعموم شعر و ادب کو تفریح، غنائیہ یا زیادہ سے زیادہ مذہبی ضروریات کے لیے استعمال کیا گیا اور شاعری کا اصلاحی کردار حالی کے بعد ہی متعین ہو سکا، جب کہ

فیض کا خیال ہے کہ شعر میں فکر، شعر میں حکمت اور شعر میں عظمتیں، جن کو ہم شاعروں سے نہیں، فلاسفروں سے متعلق کرتے ہیں، وہ محض اقبال کی وجہ سے ہمارے ہاں پیدا ہوئیں۔ ۶۸ وہ تو یہ بھی کہتے ہیں کہ اقبال کے افکار کی وجہ سے ہی ہماری ذہنی زندگی میں وہ تہیج و تلاطم پیدا ہوا، جو اُن سے پہلے یا ان کے بعد کسی واحد مصنف، کسی واحد ادیب یا کسی واحد مفکر نے ہمارے اذہان میں پیدا نہیں کیا۔ ۶۹

مندرجہ بالا گفتگو سے بخوبی اندازہ ہوتا ہے کہ اقبال کی شخصیت اور فن سے متعلق فیض کے خیالات میں کوئی بنیادی تضاد نہیں ملتا اور یہ کہ اقبال سے اپنے فکری اختلاف کے اظہار کے لیے بھی انھوں نے نہایت شستہ انداز اختیار کیا۔ جہاں تک اقبال کی شخصیت کا تعلق ہے، فیض ساری زندگی انھیں خراجِ عقیدت اور خراج تحسین پیش کرتے رہے۔ ایک نقاد کی حیثیت سے وہ ہر قسم کے تعصبات سے دُور رہے اور یوں دیگر ترقی پسند ناقدین کے مقابلے میں ان کے ہاں ہمیشہ ایک اعتدال اور توازن قائم رہا۔

حوالہ جات و حواشی

۱۔ فیض احمد فیض، انٹرویور: الطاف حسن قریشی، مطبوعہ اردو ڈائجسٹ، اپریل ۱۹۶۴ء

۲۔ علی احمد فاطمی، 'فیض اور اقبال'، مطبوعہ ایوانِ اردو، اگست ۲۰۱۱ء، ص ۶

۳۔ ڈاکٹر اختر حسین رائے پوری، ادب اور انقلاب، ص ۷۹-۸۷

۴۔ ڈاکٹر اختر حسین رائے پوری، ادب اور انقلاب، ص ۲۷۴

۵۔ فیض احمد فیض، 'پیش لفظ'، مشمولہ روز گارِ فقیر [اوّل]، ص ۱۴

۶۔ ریاض قدیر لکھتے ہیں کہ انھوں [فیض] نے اقبال پر جو دو نظمیں کہی ہیں، ان میں اقبال کی شخصیت کے ساتھ شاعر کی کسی جذباتی وابستگی کا اظہار نہیں ہوتا۔ یہ دونوں نظمیں

اقبال کی قومی اور شعری خدمات کو رسمی خراجِ تحسین پیش کرتی ہیں۔ ('اقبال اور فیض: قربتیں اور فاصلے' از ڈاکٹر ریاض قدیر مطبوعہ اقبالیات لاہور، جولائی ۲۰۰۹ء، ص ۷۸)

مذکورہ مضمون کے حاشیے میں مصنف رقم طراز ہیں کہ پہلی نظم، جو فروری ۱۹۳۳ء میں گورنمنٹ کالج، لاہور میں اقبال کی آمد کے موقع پر پڑھی گئی، فیض کے زمانہ طالب علمی کی کاوش ہے۔ اس نظم کی فنی سطح اس قدر پست ہے کہ خود فیض نے اپنے کسی مجموعہ کلام میں اس نظم کو شامل کرنا مناسب نہیں سمجھا۔ دوسری نظم اقبال کی وفات پر لکھی گئی اور فیض کے اوّلیں مجموعۂ کلام نقش فریادی میں 'اقبال' کے نام سے شامل ہے۔ (ایضاً، ص ۹۲)

توجہ طلب بات ہے کہ پہلی نظم تو 'فنی سطح پست' ہونے کی وجہ سے کسی مجموعۂ کلام میں شامل نہ ہو سکی، چنانچہ اس پر 'رسمی خراجِ تحسین' کی پھبتی کا جواز انھوں نے فراہم کر دیا،، لیکن جس نظم کو فیض نے اپنے اوّلیں مجموعۂ کلام میں شامل کیا اور پھر اس مجموعے کی آئندہ اشاعتوں میں کبھی اس کو نکالنے کی ضرورت محسوس نہ کی، اس کے 'رسمی خراجِ تحسین' ہونے سے متعلق فاضل مضمون نگار نے کچھ ارشاد نہیں فرمایا۔

۷۔ علی احمد فاطمی، 'فیض اور اقبال'، مطبوعہ ایوانِ اردو، اگست ۲۰۱۱ء، ص ۷

۸۔ پروفیسر عبد الحق، فکرِ اقبال کی سرگزشت، ص ۷۷

۹۔ مجنوں گورکھپوری، اقبال (اجمالی تبصرہ)، ص ۵۸

۱۰۔ فیض احمد فیض 'کلامِ اقبال کا فنی پہلو'، مشمولہ اقبال، ص ۴۳۔ اصل عبارت:

They are purely symbols, symbols to illustrate some inner subjective theme which Iqbal wants to illustrate through these symbols -They are no longer things in themselves۔He is not interested in the Eagle or Shaheen as such, I don't think he has ever described what the Eagle looks like۔He is not interested in the fire-fly as such, nor in the eagle, or the moon or the sun, they are no longer for him external objects but merely symbols to illustrate certain themes(اقبال، ص۱۸-۹)۔

۱۱۔The Secret of the Self، نکلسن، آر اے(مترجم)، صxxii۔ اقبال کی یہ تحریر کتاب کے Introduction میں شامل ہے۔ اصل عبارت میں ---value that کے درمیان it settles the problem of good and evil۔کے الفاظ موجود ہیں۔

۱۲۔ فیض احمد فیض، 'محمد اقبال'[مترجم: سجاد باقر رضوی]، مطبوعہ نقوش(اقبال نمبر ۲)، ص۱۲۶۔اصل عبارت:

Iqbal's Perfect Man (Mard-e-Kamil) disengages himself from Nietsche's superman, for Iqbal's categorical imperatives rule out all forms of nationalist chauvinism, social exploitation and personal aggrandisement۔(اقبال، ص۱۳۲)

۱۳۔ پروفیسر عبدالحق، فکرِ اقبال کی سرگزشت، ص۷۶

۱۴۔ ادارہ، 'اقبال اور ترقی پسند' مطبوعہ کتاب لاہور، ص۱۸

۱۵۔ پروفیسر عبدالحق، فکرِ اقبال کی سرگزشت، ص۷۶۔ پروفیسر صاحب نے راقم

کے ایک استفسار پر اپنے برقی تار میں ۲۲/ جنوری ۲۰۱۲ء کو یہ اطلاع دی:

Qurratull Ain Hyder narrated this incidence on the dais of Ghalib Academy few years back۔In this account she has narrated the entire episode of Faiz walking out on a gathering, who refused Iqbal's ideology۔

۱۶۔ پروفیسر عبدالحق، فکرِ اقبال کی سرگزشت، ص۷۶

۱۷۔ احتشام حسین، روایت اور بغاوت، ص۱۷۵

۱۸۔ ادارہ، 'اقبال اور ترقی پسند' مطبوعہ کتاب لاہور، ص ۱۸

۱۹۔ آلِ احمد سرور (مضمون: اقبال، فیض اور ہم)، مجموعۂ تنقیدات، ص ۳۷۰

۲۰۔ ڈاکٹر محمد علی صدیقی (مضمون: اقبال اور فیض: حسن و بصیرت کے داعی)، فیض احمد فیض، ص۵۸

۲۱۔ فیض کے انگریزی مضمون Muhammad Iqbal کی ابتدائی سطوریوں ہیں :

"No man was ever yet a great poet", wrote that very discerning critic Coleridge, "without being at the same time a great philosopher(اقبال، ص ۱۱۵)۔"

البتہ کولرج کی شہرہ آفاق کتاب Biographia Literaria کے پندرہویں باب میں a great philosopher کے بجائے a profound philosopher ہے۔

۲۲۔ فیض احمد فیض، 'محمد اقبال' [مترجم: سجاد باقر رضوی]، مطبوعہ نقوش (اقبال نمبر ۲)، ص ۱۲۳۔ اصل انگریزی عبارت:

Unlike same of his medieval predecessor he was not only equipped with intensive education in various philosophical school, both ancient and contemporary, but also commanded sufficient prose in more than one language to articulate his own answers to the problems of Reality with logic and precision(اقبال، ص ۱۱۵-۱۶)۔

۲۳۔ فیض احمد فیض، میزان، ص ۱۰۳

۲۴۔ آغا ناصر، ہم جیتے جی مصروف رہے، بحوالہ ڈاکٹر سید محمد تقی عابدی فیض فہمی، ص ۶۵ے

۲۵۔ علامہ اقبال، پیامِ مشرق، ص ۹۴

۲۶۔ فیض احمد فیض، 'محمد اقبال' [مترجم: سجاد باقر رضوی]، مطبوعہ نقوش (اقبال نمبر ۲)، ص ۱۲۴

۲۷۔ فیض احمد فیض، انٹرویور: الطاف حسن قریشی، مطبوعہ اردو ڈائجسٹ، اپریل ۱۹۶۴ء

۲۸۔ آلِ احمد سرور، مجموعۂ تنقیدات، ص ۳۷۱

۲۹۔ فیض احمد فیض، 'کلامِ اقبال کا فنی پہلو'، مشمولہ اقبال، ص ۴۲۔ اصل عبارت:

Iqbal begins himself in his very early works, in the work that he wrote in his youth. He talks about himself, about his love, about his grief, about his loneliness, about his disappointments. Then from himself, he progresses to the Muslim community, to the Muslim world, in the later half of Bang-e-Dara. From the Muslim world he goes further to mankind and from mankind to universe

(اقبال، ص ۷)۔

۳۰۔ ڈاکٹر محمد علی صدیقی، فیض احمد فیض، ص ۵۹

۳۱۔ فیض احمد فیض، 'ہماری قومی زندگی اور ذہن پر اقبال کے اثرات'، مشمولہ
اقبال، ص ۳۲۔

۳۲۔ فیض احمد فیض، 'اقبال، فن اور حصارِ فکر'، مشمولہ اقبال، ص ۲۱

۳۳۔ آلِ احمد سرور، مجموعۂ تنقیدات، ص ۳۷۱

۳۴۔ فیض احمد فیض، 'کلامِ اقبال کا فنی پہلو'، مشمولہ اقبال، ص ۴۶۔ اصل عبارت:

He is the poet of struggle, of evolution, of man's fight
against the hostile forces of nature, the forces hostile to the
spirit of man(اقبال، ص ۱۱۳)۔

۳۵۔ فیض احمد فیض، 'محمد اقبال'[مترجم : سجاد باقر رضوی]، مطبوعہ نقوش(اقبال
نمبر ۲)، ص ۱۲۶۔ اصل عبارت:

Having already parted company with the traditional
mystic who dismisses the physical word as an illusion and
human physical endeavor as mere variety, Iqbal discards
equally emphatically the dogmatic theologian and his static
orthodoxy(اقبال، ص ۱۲۲)۔

۳۶۔ فیض احمد فیض، 'اقبال، فن اور حصارِ فکر'، مشمولہ، اقبال، ص ۲۲

۳۷۔ فیض احمد فیض، انٹرویو: الطاف حسن قریشی، اردو ڈائجسٹ، اپریل ۱۹۶۴ء

۳۸۔ فیض احمد فیض، میزان، ص ۲۵۶
۳۹۔ فیض احمد فیض، 'فکرِ اقبال کی ارتقائی منزلیں' مشمولہ اقبال، ص ۵۵
۴۰۔ فیض احمد فیض، میزان، ص ۴۳
۴۱۔ پروفیسر عبدالحق، فکرِ اقبال کی سرگزشت، ص ۸۰
۴۲۔ فیض احمد فیض، 'کلامِ اقبال کا فنی پہلو'، مشمولہ اقبال، ص ۴۴، ۴۵، ۴۶
۴۳۔ فیض احمد فیض، انٹرویور: الطاف حسن قریشی، اردو ڈائجسٹ، اپریل ۱۹۶۴ء
۴۴۔ آلِ احمد سرور، مجموعہ تنقیدات، ص ۳۶۱
۴۵۔ علی احمد فاطمی، 'فیض اور اقبال'، مطبوعہ ایوانِ اردو، اگست ۲۰۱۱ء، ص ۸
۴۶۔ ایوب مرزا، ہم کہ ٹھہرے اجنبی، ص ۳۷۶
۴۷۔ فیض احمد فیض، انٹرویو: الطاف حسن قریشی، اردو ڈائجسٹ، اپریل ۱۹۶۴ء
۴۸۔ فیض احمد فیض، 'کلامِ اقبال کا فنی پہلو'، مشمولہ اقبال، ص ۴۴-۴۶
۴۹۔ فیض احمد فیض، 'فکرِ اقبال کی ارتقائی منزلیں'، مشمولہ اقبال، ص ۵۶
۵۰۔ فیض احمد فیض، 'پیش لفظ' مشمولہ روزگارِ فقیر
۵۱۔ فیض احمد فیض، میزان، ص ۲۵۵
۵۲۔ فیض احمد فیض، میزان، ص ۲۵۵
۵۳۔ فیض احمد فیض، میزان، ص ۲۵۵-۲۵۵
۵۴۔ فیض احمد فیض، 'کلامِ اقبال کا فنی پہلو'، مشمولہ اقبال، ص ۳۹۔ اصل عبارت:

---because there are a number of injunctions in Iqbal's work imploring his readers to ignore his poetry and to concentrate on his message(اقبال، ص ۱۳)۔

۵۵۔ فیض احمد فیض، 'کلامِ اقبال کا فنی پہلو'، مشمولہ اقبال، ص۳۹-۴۰۔ اصل عبارت:

Iqbal didn't want to get mixed up with decadent songsters with which our community abounds. Anyway I am not going to quarrel with this approach... , I merely wanted to say that whatever the rights or the wrongs of this approach, there is no doubt that a poet of Iqbal's caliber would be great by whatever name you call him

(اقبال، ص۱۴)۔

۵۶۔ فیض احمد فیض، 'محمد اقبال'[مترجم: سجاد باقر رضوی]، مطبوعہ نقوش(اقبال نمبر ۲)، ص۱۲۳۔ اصل عبارت:

Like all great "poets of affirmation", Dante, Milton, Goethe, Iqbal was no abstract thinker ۔Like them he was closely involved with the affairs of the social world around him(اقبال، ص۱۶)۔

۵۷۔ فیض احمد فیض، میزان، ص۴۷

۵۸۔ فیض احمد فیض، میزان، ص۱۳۴

۵۹۔ فیض احمد فیض، 'کلامِ اقبال کا فنی پہلو'، مشمولہ اقبال، ص۴۰۔ اصل عبارت:

Even though Iqbal was a philosopher, a thinker, an evangelist and even a preacher, what gave real force and persuasiveness to his message was his poetry(اقبال، ص۱۴)۔

۶۰۔ علی احمد فاطمی، 'فیض اور اقبال'، مطبوعہ ایوانِ اردو، اگست ۲۰۱۱ء، ص۶

۶۱۔ فیض احمد فیض، 'ہماری قومی زندگی اور ذہن پر اقبال کے اثرات'، مشمولہ اقبال، ص ۳۳

۶۲۔ فیض احمد فیض، مذاکرہ روزنامہ جنگ: ۹/ نومبر ۱۹۸۴ء

۶۳۔ فیض احمد فیض، مذاکرہ روزنامہ جنگ: ۹/ نومبر ۱۹۸۴ء

۶۴۔ فیض احمد فیض، 'ہماری قومی زندگی اور ذہن پر اقبال کے اثرات'، مشمولہ اقبال، ص ۳۷

۶۵۔ فیض احمد فیض، میزان، ص ۱۴۸

۶۶۔ فیض احمد فیض، کلامِ اقبال کا فنی پہلو'، مشمولہ اقبال، ص ۴۰۔ اصل عبارت:

Iqbal himself was deadly opposed to art for art's sake and, therefore, we cannot study his art or his style or his technique or his other poetic qualities in isolation from his theme because even though there is steady progression in his style, even though he wrote in different styles, yet all these styles were fassioned according to the theme which he was trying to put across -Therefore, the evolution of his style is parallel to the evolution of his thought and it would be superficial and misleading to study are in isolation from the other.

۶۷۔ فیض احمد فیض، 'فکرِ اقبال کی ارتقائی منزلیں'، مشمولہ اقبال، ص ۵۵

۶۸۔ فیض احمد فیض، 'ہماری قومی زندگی اور ذہن پر اقبال کے اثرات'، مشمولہ اقبال، ص ۳۳

۶۹۔ فیض احمد فیض، 'ہماری قومی زندگی اور ذہن پر اقبال کے اثرات'، مشمولہ اقبال، ص ۳۱

(۴) فیض، انقلاب اور مابعد نو آبادیاتی نظریہ

ڈاکٹر محمد سفیر اعوان

In this article, the writer places Faiz's work within the larger framework of anticolonial resistance literature and has bracketed him with such intellectual resistance figures such as Said Sultanpour, Nazim Hikmet, Nicolas Guillen, Amilcar Cabral, Pablo Neruda and others. Postcolonial theory and writings have been challenging and rewriting the western hegemonic/imperial discourses since the beginnings of western colonization of the East. It is of vital importance to place our writers within the global theoretical sites of resistance. Faiz's association with the socialist thought and his own romantic idealism vis-a-vis liberation movements throughout the world qualify him as a revolutionary. However, there is a certain ambivalence in his revolutionary idealism. The writer has tried to explore and approach this contentious notion from the theoretical concerns of postcolonial theory.

اشاعری کو زیادہ تر جذباتی رویوں کے اظہار کا ذریعہ سمجھا جاتا ہے۔ یہ ایک ایسی قوت ہے جو لوگوں کے رویوں کو بدلنے سے زیادہ انہیں ایک غیر مرئی اور تخلیلاتی دنیا میں لے جاتی ہے۔ یہ دنیا کبھی عندلیب کی (جان کیٹس کے لیے)، کبھی جنڈول (Skylark) (شیلی کے لیے)، کبھی لوسی اور نرگس کی (ورڈزورتھ کے لیے)، تو کبھی معصومیت اور تجربہ کی (بلیک کے لیے) (Black-W) دنیا بن جاتی ہے۔ یہی وجہ ہے کہ اکثر اوقات شاعر کی شاعرانہ اور غیر شاعرانہ شخصیتوں میں تفریق کی جاتی ہے۔ کلاسیکی دور کی اصناف، رزمیہ اور منظوم ڈرامے کو جمالیاتی اور وجدی تجربے سے مربوط کیا جاتا ہے جب کہ جدید

ڈرامے اور زیادہ تر شاعری کو ایسے تصورات سے متعلق سمجھا جاتا ہے جو سماجی حقائق پر معترض اور سیاسی و سماجی استحصال کے باغی ہوتے ہیں۔ تاہم، بیسویں صد عیسوی میں، نو آبادیات اور بعد از نو آبادیات کے منظر نامے پر شاعری کو ذاتی اور قومی شناخت وضع کرنے کے لیے بھی استعمال کیا گیا ہے اور استعمار مخالف جذبات کے اظہار کے لیے بھی۔ چنانچہ بہ طور ایک ثقافتی اظہاریہ، ایسی شاعری استعمار کی سیاست اور سماجی ناانصافی کے خلاف مزاحمتی مواقع بہم پہنچاتی ہے۔ اسی نقطہ نظر کو لے کر بسااوقات شیلی(Shelley)، اقبال، نیرودہ(Neruda) اور فیض کی تخلیقات کا موازنہ کیا جاتا ہے۔ میں نے زیر مطالعہ مقالے میں فیض کی شاعری کو بعد از نو آبادیاتی نظریاتی تنقید کی روشنی میں اور بیسویں صدی کے کئی ایک شہرہ آفاق دانش وروں کی طرف سے پیش کردہ نظریاتی تنقید کی کسوٹی پر پرکھا ہے۔ یہ درست ہے کہ جن دانش وروں کی طرف میرا اشارہ ہے وہ اپنے مزاحمتی رویوں اور مقاصد میں یکساں نہیں ہیں۔ تاہم ان مقاصد میں سے ایک ایسا بھی ہے جو انہیں ایک قبیلے میں بدل دیتا ہے اور یہ مقصد ہے نظام سرمایہ داری اور اس کی پروردہ استعمار کے خلاف جدوجہد۔ یہ امر دل چسپ ہے کہ برصغیر سے تعلق رکھنے والے کئی ایک مزاحمتی ادیب بھی اس عالمی برادری کا حصہ رہے ہیں جس کے علمبردار جارج ہرمور، سی ایل آر جیمز، Leopold Senghor,Kwame Nkrumah,Aime Cesaire اور فرانٹز فینان(Frantz Fanon) جیسے لوگ رہ چکے ہیں۔ دنیا بھر میں عالمی جنگ کے بعد کا زمانہ نو آبادیاتی نظام کو برقرار رکھنے کی خواہاں قوتوں اور استحصال سے نجات کی خواہاں آوازوں کے مابین سیاسی و معاشی، کش مکس کا زمانہ تھا۔ آزادی کے طلب گاروں کے لیے روس اور چین کے اشتراکی انقلاب امید کا پیام تھے۔ بیسویں صدی کے آغاز میں یہاں ترقی پسند تحریک کی مقبولیت بھی اسی فکری

انقلاب کی بہ دولت ممکن ہوئی۔ احمد علی، سجاد ظہیر اور دوسرے دانش وروں کی طرح فیض احمد فیض بھی اس تحریک کا روح رواں تھے۔ اس تحریک کے علمبردار گویا رابرٹ ینگ کے ان الفاظ پر یقین رکھتے تھے "سابق یورپی کالونیوں کی سیاسی آزادی ان کے لیے معاشی آزادی کا سبب نہیں بن سکی اور معاشی آزادی کے بغیر سیاسی آزادی ممکن نہیں ہے"۔ ۲

رابرٹ ینگ (Robert Young) کی طرف سے اس امر پر زور دیا گیا ہے کہ نو آبادیات مخالف فکر ہمیشہ سے آزادی اور آزادی اظہار رائے سے جڑی رہی ہے۔ وہ بعد از نو آبادیات تنقید کا تاریخی پس منظر بھی دیتے ہیں جو کہ اٹھارویں صدی اور انیسویں صدی کے اوائل کے آزادی پسند روشن خیال مفکرین سے جا ملتی ہے۔ عارف درلیک (Arif Darlik) اور اعجاز احمد کے اس نظریے کے جواب میں کہ مابعد از نو آبادیات نظریہ خود مغرب کی پیداوار ہے اور محض ایک ایسی علمی بحث ہے جو معاصر عالمی معاشی نظام پر نکتہ چینی کرتی ہے، ینگ کا یہ کہنا ہے کہ مابعد از نو آبادیات کا نظریہ مغربی اور سے برا عظمی فکر کے امتزاج سے پروان چڑھا ہے اور اس کا مخصوص ماخذ نو آبادیات مخالف آزادی کی جدوجہد رہی ہے۔ ۳

ینگ کی پیش کردہ ہندوستان کی آزادی کی تاریخ میں اس بات کو اجاگر کیا گیا ہے کہ ہندوستانی مارکسزم عوام الناس کی کوئی خاطر خواہ حمایت حاصل کرنے میں ناکام رہی، اور قومی آزادی بھی ہندوستانی ذات پات کے نظام میں اشتراکی انقلاب نہ لا سکی۔ فیض کے فکری مطمع نظر کو گاندھی کے رومانوی و سرمایہ داریت مخالف فکر سے تقابل کیا جا سکتا ہے۔ انکی فکر کا مارکسزم کی طرف جھکاؤ واضح دیکھا جا سکتا ہے۔ تاہم اپنی شاعری میں وہ سامراجیت کے خلاف نبرد آزما شاعر کے طور پر سامنے آتے ہیں۔

فیض: قومیت پرست یا بین الاقوامیت پسند؟

فیض کے نقاد انہیں اشتراکی ایجنڈا کی ترویج کا ٹھیکے دار گردانتے ہوئے حب الوطنی سے عاری قرار دیتے رہے۔ تاہم میرے تجزیے کے مطابق اس طرح کے الزامات کا جواب ایک تنگ نظر قومیت پسند اور ایک ایسے بین الاقوامیت پسند شخص کے درمیان تفریق کر کے دیا جا سکتا ہے جو وسیع تر انسانی مفاد کے لیے کوشاں ہو۔ مغربی قومیت پسندی کے تقسیم کر دینے والے تنگ نظر نظریے کے زیر اثر ہم بسا اوقات بڑی انسانی قدروں کی اہمیت سے صرف نظر کر جاتے ہیں۔ فیض کی مارکسی فکر اور عالمی مزاحمتی شخصیتوں کے ساتھ میل جول نے انہی یہ موقع بہم پہنچایا کہ وہ قومی سرحدوں سے بالاتر ہو کر سوچ سکیں۔ یہی وجہ ہے کہ آج ہم انہیں بیسویں صدی کے عظیم مفکرین انٹونیو گرامچی (Antonio Garmsci)، لوئی التھو آر (Louis Althusser)، علی شریعتی وغیرہ کے پائے کا مفکر سمجھتے ہیں۔

فیض کی تحریروں اور شاعری کا تجزیہ بیسویں صدی کے ان مفکرین کے استعمار مخالف نظریات کی روشنی میں تلاشا جائے۔ مابعد از نو آبادیات کے "نظریہ قوم" پر کسی بھی بحث میں بینی ڈکٹ اینڈرسن (Benedict Andersan) کی "تصوراتی برادریاں "(Imagined communties)(١٩٨٣) کا حوالہ اسی طرح دیا جاتا ہے جیسے Orientalismاور ما بعد از نو آبادیات کی کسی بھی بحث میں ایڈورڈ سعید کی کتاب "Orientalism" کا دیا جاتا ہے۔ اینڈرسن کے تصور قومیت سے متاثر ہو کر کئی ایک مابعد از نو آبادیات کے تنقید نگاروں جیسے بھابھا، رنجیت گوہا، آنیا لومبا، رابرٹ ینگ وغیرہ نے قوم اور قومیت کے حتمی اور تنگ نظر تصور پر نکتہ چینی کرتے ہوئے کہا ہے کہ یہ ایک ایسی سیاسی اصطلاح جو مفاد پرستوں کی طرف سے گھڑی گئی ہے۔ قومی نصاب میں

قومیت پسندی کے حق میں اور نو آبادیاتی نظام کے خلاف مزاحمت کے بارے میں مواد اور موضوعات کی شمولیت یا اخراج کی سیاست ہمیشہ سے ہوتی رہی ہے۔ اسی لیے خواتین، نچلے درجے کے طبقات اور وہ لوگ جو نو آبادیات مخالف جدوجہد میں اپنے طرز کا علیحدہ راستہ رکھتے تھے، کو قومی تاریخوں سے یا تو مٹا دیا گیا ہے اور یا پھر کم اہمیت دی گئی ہے۔ لومبا(Loomba) کے یہ کہنا ہے:"جب تصور قومیت مابعد از نو آبادیاتی ریاست کا سرکاری اصول بن جاتا ہے تو اس میں سے خروج کو قانونی اور تعلیمی نظام کے ذریعے سے ممکن بنایا جاتا ہے اور اکثر اوقات تو نو آبادیات کے خروج کو ہی دہرا دیا جاتا ہے۔"۴

قومیت اور اس کی وقائع نگاری کے بیان اور کئی ایک گروہوں کا سیاسی و ثقافتی استحصال رنجیت گوہا کا موضوع ہے۔ "نو آبادیاتی ہندوستان کی تاریخ نگاری کے کچھ پہلو On some Aspects of the Historiography of Colonial)" India) میں وہ ہندوستان میں نو آبادیات مخالف جدوجہد کی تاریخ سبالٹرن سٹڈیز گروپ Subaltern Studies Group کے تحت از سر نو لکھنے کی ضرورت پر زور دیا ہے۔۵ جواہر لال نہرو جو کہ ایک جانے پہچانے قومیت پرست (اور اشتراکیت پسند) تھے، نے بھی ہندوستان کا ہزاروں سال پہلے جنم لینے والا تصور پیش کیا۔ مشیر الحسن کہتے ہیں کہ ہندوستان کی تقسیم امرا کا منصوبہ تھا اور اس کا فائدہ بھی اسی طبقے کو ہوا: "اس سے پہلے جنوبی ایشیا کی تاریخ میں کبھی بھی اتنے کم لوگوں نے اتنے زیادہ لوگوں کی قسمت کا فیصلہ نہیں کیا تھا۔ اور شاذونادر ہی کبھی اتنے کم لوگوں نے برصغیر کے اتنے زیادہ لوگوں کے جذبات کو نظر انداز کیا ہو۔"٦

آزادی کے بعد کے منظر نامے سے یہ بھی ظاہر ہوتا ہے کہ مختلف سماجی و سیاسی گروہوں کے مفادات کی جنگ سنجیدہ اور حقیقی ہے۔ رنجیت گوہا(Ranjit Guha) کہتے

ہیں:

ہندوستانی قومیت پسندی کی تاریخ نویسی پر امرا کا غلبہ رہا ہے۔۔۔ نو آبادیاتی امرا کا اور اعلیٰ طبقے کے قومیت پرست امراء کا۔ جن کا یہ تعصب مشترک تھا کہ ہندوستانی قومیت کی تشکیل اور شعوری قومیت پسندی کی ترویج یقیناً ایک اعلیٰ طبقے کی کامیابی ہو گی۔ ۷

فیض نے بھی اس طرح کے تنگ نظر قومیت پرست ایجنڈوں پر تنقید کی کہ جو قومی جدوجہد میں عوام الناس کے کردار کو نظر انداز کریں۔ شاید یہ ان کی اعلیٰ طبقے کی قومیت پرستی کی تنقید ہی تھی جس کی بدولت انہیں پاکستانی اسٹیبلشمنٹ کی طرف سے قومیت پرست نہیں مانا گیا۔ اپنی شہرہ آفاق نظم " صبح آزادی: اگست ۱۹۴۷ء" میں فیض نے نو آبادیاتی نظام سے آزادی پر برملا تشکیک کا اظہار کیا ہے۔ انہوں نے اس شک کا اظہار کیا کہ شاید آزادی وہ پھل کبھی نہ لا سکے جس کے لیے لاکھوں لوگوں نے جان دی ہے:

یہ داغ داغ اجالا، یہ شب گزیدہ سحر
وہ انتظار تھا جس کا، یہ وہ سحر تو نہیں
یہ وہ سحر تو نہیں، جس کی آرزو لے کر
چلے تھے کہ یار کہ مل جائے گی کہیں نہ کہیں
فلک کے دشت میں تاروں کی آخری منزل۔۔۔ الخ

اس تشکیک کی وجہ یہ تھی کہ آزادی کو سٹیٹس کو(Status Quo) کی قوتوں نے فوراً یرغمال بنالیا۔ انہوں نے نو آبادیاتی نظام کے مکمل خاتمے کے لیے انقلاب کی جڑیں مضبوط نہ ہونے دیں۔ زیادہ تر مابعد از نو آبادیاتی ممالک میں آزادی کے بعد کا زمانہ تشدد اور سیاسی و معاشی عدم استحکام سے عبارت ہے اور اس کا سبب وہ اعلیٰ طبقے کی حکمران

قوتیں ہیں جو کہ ایک نیو کولونیل (Neocolonial) ایجنڈا کو عام کرنے میں مصروف ہیں۔ بطور ایک سوشلسٹ کے فیض اس حقیقت سے واقف تھے کہ جب تک سیاسی اور سماجی نظام میں استحصالی قوتوں کو ہٹا کر ایک مبنی بر انصاف نظام نہیں لایا جاتا تب تک حقیقی تبدیلی ممکن نہیں ہے۔

فیض: محض باغی یا ایک انقلابی؟

فیض کی زندگی اور کیریئر میں سیاسی وابستگی ایک مرکزی مسئلہ رہا ہے۔ کیوں کہ ان کے اکثر کام نے طاقت اور سیاسی کنٹرول کے تسلیم شدہ تصورات کی مخالفت کی۔ کسی بھی مسئلہ میں فیض کی شمولیت بالآخر اس مسئلے کو عوام کے سامنے لے آئی۔ آج تک فیض کے کام کے حوالے سے ہونے والی بحث میں مرکزی مسئلہ یہ رہا ہے کہ آیا فیض محض ایک باغی تھے یا ایک سچے انقلابی؟ ان کی شاعری میں ملتے جلتے شواہد موجود ہیں۔ ایک جانب اگر ان کی شاعری سے تقدیر پرستی میں گندھی ہوئی قنوطیت جھلکتی ہے تو دوسری جانب کچھ خاص نظموں میں ہر قسم کی ناانصافی پر مبنی حکومتوں اور نظاموں کے خلاف اعلان بغاوت کرتے نظر آتے ہیں۔

بول، کہ لب آزاد ہیں تیرے
بول، زباں اب تک تیری ہے
تیرا ستواں جسم ہے تیرا
بول کہ جاں اب تک تیری ہے۔۔۔ الخ

۱۹۷۷ء کی فوجی بغاوت کا اور اس کے سیاسی اور نفسیاتی نتائج کا تجزیہ کرتے ہوئے اقبال احمد نے اس دکھ اور اعصابی دباؤ کا ذکر کیا ہے جس نے پوری قوم کو اپنی لپیٹ میں لے لیا۔ اقبال احمد مزید لکھتے ہیں "اس وقت سب سے نمایاں بات جو آپ کو ملے گی وہ یہ

ہے کہ ایک گہرے دکھ کے احساس نے پاکستان کو گھیرا ہوا ہے۔ آپ کو محسوس ہو گا کہ لوگوں کی طاقت ایک قسم کے غم کی وجہ سے کمزور پڑ گئی ہے"۔۸ پاکستانی اپنی خوش طبعی اور زندہ دلی کی وجہ سے مشہور ہیں۔ زندگی کے متعلق رجائیت پسندانہ رویے وجودیت کے بوجھ تلے دب گیا ہے اور مستقبل کے متعلق ایک مستقل غم و غصے نے اس کی جگہ لے لی۔ فیض کی اس دور کی شاعرہ میں اس کی گونج سنائی دیتی ہے۔ انہوں نے طاقت کے ان تمام با اثر اداروں کو چیلنج کیا جو جمود کے حامی عالمی نظام کے لیے کام کرتے ہیں۔ ان کی شاعری اس عالمی مزاحمتی شاعری کا حصہ ہے جو مابعد نوآبادیاتی دنیا میں لکھی گئی اور وہ سرمایہ دارانہ نظام کی نئی چالوں، جو ذرائع ابلاغ اور تعلیمی اداروں کے ذریعے کام کر رہا ہے، کو ہدف تنقید بناتے ہیں اور ایک نظریاتی چیلنج پیش کرتے ہیں۔ لوئس التھوسر کے مشہور قول کے مطابق ایسے ادارے ایک بڑے اور زیادہ طاقت ور ریاستی آلے (Ideological State Apparatuses) کا حصہ ہوتے ہیں۔ میرے تجزیے کے مطابق فیض ایسے اداروں کو واضح باغیانہ انداز میں چیلنج نہیں کرتا جیسا کہ اقبال نے کیا۔ بلکہ جیسا کے اس مضمون کا عنوان عکاسی کرتا ہے کہ وہ اس مسئلے کے ساتھ محتاط انداز میں نبٹنے کی کوشش کرتے رہے۔ اس ابہام کا بہترین اور واضع اظہار ان کی چند نظموں میں ہوتا ہے۔ ان کی بعض نظموں کی بیانیہ آوازوں کو تین حصوں میں تقسیم کیا جا سکتا ہے: پہلا حصہ ایک ظالم کا چیلنج ہے جو ظلم کی آمد کا اعلان کرتا ہے، دوسرے حصے میں ظلم کا شکار آواز انتہائی مایوسی کا اظہار کرتی ہے۔ دکھ، تاریکی، خوف اور اذیت کے امیجز کو شاعر یہاں کثرت سے استعمال کرتا ہے، تاہم تیسرے حصے میں نامعلوم سے ایک آواز، ان تمام کو جو اختیار کے حامل ہیں کو خبردار کرتی ہے کہ اس وقت کا انتظار کرو جو کہ آیا ہی چاہتا ہے جب جزا و سزا دی جائے گی۔ اس ضمن میں ان کی نظم "بول کہ لب آزاد ہیں تیرے"

اہم ہے۔

رومانویت اور انقلاب

فیض رومانویت کو انقلاب کے ساتھ کیوں جوڑتے ہیں ؟ اس کی وجہ شاید یہ ہے کہ فیض اپنے عہد کے دیگر انقلابی شعراء کی طرح یہ سمجھتے تھے کہ لکھنے کا سارا عمل سیاست میں پیوست ہوتا ہے یا سیاسی و سماجی کمٹمنٹ کے بغیر کوئی مصنف بھی ظلم کے نظام کے خلاف جدوجہد کا نظریاتی جواز فراہم کرنے کا دعویٰ نہیں کر سکتا۔ فیض کی سیاسی کمٹمنٹ ان کے تخلیقی تخیل کے بارے میں بتاتی ہے جس کی وجہ سے وہ دیگر مزاحمتی مصنفین مثلاً سعید سلطان پور (ایران) ناظم حکمت (ترکی) یانس رتوس (یونان) نکولس گیوسن (کیوبا) بورج (نکاراگو)، سیزر ویلیجو (پیرو) اور ارنسٹ کارڈنل (نکاروگو)، ڈینس بروٹس (جنوبی افریقہ) اوق ڈالٹن (ایل سلواڈور) اور دیگر کی صف میں کھڑے نظر آتے ہیں۔ یہی وجہ ہے کہ وہ ایک نمایاں مقام حاصل کرنے میں کامیاب ہو جاتے ہیں جس کی وجہ سے ایک طرف ادبی اشرافیہ میں انہیں پذیرائی حاصل تھی اور عوام میں ان کے لیے عقیدت مندی پائی جاتی ہے۔ سیاست اور جمالیات (Politics & Poetics) ان کے کام میں ساتھ ساتھ چلتے ہیں۔ حتیٰ کے ان کی نثری تحریروں میں بھی شاعرانہ رنگ جھلکتا ہے۔ جیسے ایڈورڈ سعید کی رائے ہے:

گارسیا مارکیز کی طرح فیض کو بھی بیک وقت اشرافیہ اور عوام نے سنا اور پڑھا۔ ان کا بڑا کارنامہ جو کسی زبان میں بھی منفرد سمجھا جا سکتا ہے یہ ہے کہ انہوں نے ایسے الفاظ اور آہنگ پیدا کیا جس کے ذریعہ انہوں نے کلاسیکی فارم مثلاً قصیدہ، غزل، مثنوی اور قطعہ کی ہئیت تبدیل کر کے، نہ کہ منقطع کر کے، قاری کے سامنے پیش کی۔ جس میں نئے اور پرانے کا امتزاج دکھائی دیتا ہے۔ ان کی ادبی خالصیت اور کمال فن حیران کن ہیں اور ایک

ایسے شاعر کا احساس پیدا کرتی ہے جس نے Yeats کی لذت حواس اور Neruda کے زور بیان کو یکجا کر دیا ہو۔ میری نگاہ میں وہ اس صدی کا عظیم ترین شاعر تھا اور اسی حیثیت سے اس کی ایشیا اور افریقہ میں پذیرائی ہوئی۔۹

ایڈورڈ سعید جیسے زیرک نقاد کی طرف یہ تنقیدی تجزیہ فیض کو دیگر بین الاقوامی استعمار مخالف مصنفین کی صف میں نمایاں مقام دیتا ہے۔ مختلف سیاسی مکاتب فکر میں ان کی شاعری کی بنیادی طور پر پذیرائی اس امر پر مہر تصدیق ثبت کرتی ہے کہ ان کو یہ مقام رومانوی اور معروف انقلابی تصورات کو یکجا کرنے سے حاصل ہوا۔ رومانویت اور انقلاب کے امتزاج کا بہترین اظہار ان کی مشہور نظم "مجھ سے پہلی سی محبت مرے محبوب نہ مانگ" میں ملتا ہے۔

میں نے سمجھا تھا کہ تو ہے تو درخشاں ہے حیات
تیرا غم ہے تو غمِ دہر کا جھگڑا کیا ہے
تیری صورت سے ہے عالم میں بہاروں کو ثبات
تیری آنکھوں کے سوا دنیا میں رکھا کیا ہے؟۔۔۔ الخ

ان کی سماجی کمٹمنٹ کا پر زور اظہار شاید سب سے زیادہ ان کی اس مشہور اور اکثر نقل کی جانے والی نظم میں دکھائی دیتا ہے۔

فیض کی شاعری کے بارے اور امریکی قارئین میں فیض کو متعارف کرانے کی ضرورت کے حوالے سے معروف کشمیری نژاد امریکی شاعر آغا شاہد علی اپنے ایک مضمون میں لکھتے ہیں:

اردو شاعری میں محبوب سے مراد دوست، عورت اور خدا ہو سکتا ہے۔ فیض نے نہ صرف اس مفہوم کو قائم رکھا بلکہ اس کو انقلاب کے تصور تک وسیع کر دیا۔ انقلاب کا

انتظار کرنا بھی شاید محبوب کے انتظار کی طرح ایک جان گسل اور مخمور کن کیفیت اپنے اندر سموئے ہوئے ہے۔ ۱۰

پروفیسر فتح محمد ملک کی اس سلسلے میں رائے فکر انگیز اور نئی ہے۔ اپنی کتاب "فیض احمد فیض: شاعری اور سیاست" میں لکھتے ہیں۔

"رومان اور انقلاب کی کش مکش کے معاملے میں فیض کا شعور تاملات و ترددات کی آماجگاہ ہے۔ وہ ہنوز فیصلہ نہیں کر پائے کہ ان کی صحیح سمت کیا ہے۔ جسم کے دل آویز خطوط یا زمانے کے دکھ۔ وہ بار بار جاناں کو چھوڑ کر دوراں کی طرف بڑھتے ہیں لیکن نہ صرف مڑ مڑ کر دیکھتے جاتے ہیں بلکہ پلٹ بھی پڑتے ہیں، پھر بڑھتے ہیں پھر پلٹتے ہیں" ۱۱

شاید یہی وجہ ہے کہ وہ ذاتی احساسات کو عوامی اور سیاسی مقاصد سے علیحدہ کرنے میں کامیاب نہیں ہو سکے۔ ان دونوں کا امتزاج ان کی ایک نظم "ہم جو تاریک راہوں میں مارے گئے" میں نظر آتا ہے۔

تیرے ہونٹوں کے پھولوں کی چاہت میں ہم
دار کی خشک ٹہنی پہ وارے گئے
تیرے ہاتوں کی شمعوں کی حسرت میں ہم
نیم تاریک راہوں میں مارے گئے۔۔۔ الخ

تاہم ان کی سماجی وابستگی اور کمٹمنٹ شک و شبہ سے بالا ہے یہ ان کی شاعری کے اسلوب سے بھی نظر آتا ہے۔ اپنی شاعری میں محبت کے موضوع کے برتاؤ میں انہوں نے برصغیر کی شاعرانہ روایت سے اساسی دوری اختیار کی اور محبت کے برتاؤ میں یاس و قنوطیت اور غم و اندوہ کی کیفیات ان کی شاعری میں دیکھنے کو نہیں ملتی۔ اردو شاعری اور جان ڈن (John Donne) کی ما بعد طبعیاتی شاعری سے پہلے

ایلز بیتھن(Elizabethan) شاعری میں بھی محبوب کا کردار کی محض جنس کے دیوتا کے طور پر اس کی پرستش کی جاتی ہے جو اپنے محب کی پہنچ سے بہت دور اور ناقابل حصول ہوتا ہے۔ لیکن فیض محبوب کے اس کردار کو زمین پر لاتا ہے اور اسے شریک غم کرتا ہے اور اس کو حاصل نہ ہو سکنے والی محبت(Unrequited Love) پر ماتم کرنے سے روکتا ہے۔ اپنی سماجی کمٹمنٹ میں فیض بہت ہی حقیقی انداز میں محبوب کے خیالی پیکر کو پاش پاش کر دیتا ہے۔ جیسے آغا شاید علی لکھتے ہیں: "فیض کی شاعری میں دکھ اور تکلیف محض ایک نجی عمل نہیں ہے۔۔۔ گو کہ یہ انتہائی ذاتی نوعیت کا ہے لیکن اس کو تاریخ اور ناانصافی کے احساس سے علیحدہ نہیں کیا جا سکتا۔"۱۲ اس کی عکاسی شاید فیض کی تحریک حریت پر لکھی جانے والی نظم میں بہترین انداز میں کی گئی ہے۔

عوامی دانشور اور جلاوطنی (Public Intellectual & Exile)

جلاوطنی اور بدیسی اجنبیت (Exile & Alienation) مابعد نوآبادیاتی مطالعہ میں ایک اہم فکری موضوع ہے۔ جیسا کہ اس کی ابتدا بڑے دانش وروں کے اجنبیت کے اس نقطہ نظر میں موجود ہے۔ جنہوں نے نوآبادیاتی قوموں کے بارے میں مغرب کے غالب بیانیے کو چیلنج کیا۔ فیض نے بیسویں صدی کے اس دور میں لکھا جب دنیا کے کئی عظیم عوامی دانشور سرمایہ دارایت اور استعماری قوتوں کے خلاف مزاحمت کر رہے تھے۔ تیسری دنیا کے ادبی اور سیاسی منظر نامے میں الجزائر کے فرینٹز فیانن (Frantz Fanon)، مریکہ کے ایڈورڈ سعید(Edward Said)، چلی کے پیولو نیرودا(Pablo Neruda)، کینیا کے گوگی واتھیا آنگو (Ngugi wa Thiongo)اور پاکستان کے اقبال احمد کے تحریری اور حقیقی احتجاج سے نمایاں تھا۔ اپنی جلاوطنی کے دوران فیض کچھ عرصہ ایڈورڈ سعید اور اقبال احمد کے ساتھ رہے۔ سعید اس وقت کو اپنے ایک مضمون

میں ان الفاظ سے یاد کرتے ہیں:

"کسی شاعر کو جلاوطنی میں دیکھنا، بالخلاف اس کے کہ جلاوطنی کی شاعری کو پڑھا جائے، ایسا ہی ہے جیسے کہ جلاوطنی کی تجسیم کو دیکھنا۔ کئی سال قبل میں نے کچھ وقت عصر حاضر کے عظیم ترین اردو شاعر فیض احمد فیض کے ساتھ گزارا۔ ضیاء الحق کے عامرانہ دور حکومت میں انہیں اپنے آبائی وطن پاکستان سے جلاوطن کر دیا گیا۔ اور بیروت کی تباہی نے ان کو خوش آمدید کہا۔ ان کے قریب ترین دوست فلسطینی تھے لیکن میرا اندازہ ہے کہ گو ان میں بلظاہر باہمی وابستگی تو تھی لیکن کوئی بھی چیز مکمل طور پر مماثلت نہیں رکھتی تھی، چاہے وہ زبان ہو، شعری روایت ہو یا زندگی کی تاریخ، صرف ایک دفعہ جب اقبال احمد، جو کہ خود ایک پاکستانی جلاوطن تھے، بیروت آئے تو ایسا نظر آیا کہ فیض اپنے چہرے پر بیگانگی کے تاثرات پر قابو پانے میں کامیاب ہوئے۔ ہم تینوں ایک رات ایک چھوٹے سے ریسورنٹ میں بیٹھے اور فیض نے ہمیں اپنی نظمیں سنائیں۔ کچھ وقت کے بعد فیض اور اقبال احمد نے میرے لیے اشعار کا ترجمہ کرنا چھوڑ دیا، لیکن اس سے کوئی فرق نہ پڑا۔ کیونکہ میں یہ جان چکا تھا کہ اس کو ترجمے کی ضرورت نہ تھی"۔ ۱۳

ایک عوامی دانشور (Public Intellectual) وہ ہوتا ہے جو برائے راست اپنے خیالات سے سیاسی اور سماجی واقعات پر اثر انداز ہونے کی کوشش کرتا ہے۔ بیسویں صدی کے وسط سے، مغرب میں دانشور، رجعت پسندانہ اور جابرانہ نظریات کے خلاف برسرِ پیکار نظر آئے۔ ماضی کی نو آبادیوں میں حکومتی پالیسوں پر تنقید اور نئے استعماری نظام کی مخالفت کی وجہ سے بہت سے دانش وروں کو ماضی کے استعماری مراکز سے جلاوطن ہونا پڑا۔ کئی دوسرے لوگوں کے علاوہ مریم چانسی (Miriam Chancy) نے ان خصوصی حالات کی طرف اشارہ کیا جو جلاوطنی کا سبب بنتے ہیں۔

"حکومتی یا سیاسی تشدد یا ریاستی دہشت گردی کا خدشہ، سماجی استعمار کی غیر انسانی رویے جو رنگ، جنس، طبقاتی حیثیت کا نتیجہ ہوتے ہیں، فارغ اوقات اور روح کی بالیدگی کے لیے میسر لمحات کا تصور بھی ناپید ہوتا ہے۔۔۔ ایسے ناخوشگوار حالات خودکشی، تشدد، مزید غربت اور مایوسی کی ایک غلام گردش اور بالآخر خود ساختہ جلاوطنی پر منتج ہوتے ہیں "۔۱۴

دوسروں کے علاوہ ایڈورڈ سعید، اینڈریو گر اور مائیکل سیڈل نے جلاوطنی کی ادبی نوعیت کا ایک منفرد انداز سے تجزیہ کیا۔ گر (Gurr) کے مطابق جلاوطنی نے ان مصنفین پر گہرا اثر ڈالا جو کالونیوں میں پیدا ہوئے اور استعمار کے مراکز میں ہجرت کر گئے۔ چونکہ اس تجربے نے ان کے اندر "گھر" (Belonging) کے ایک مخصوص تصور کو پیدا کیا اور جس میں استعمار کے مراکز میں رہنے والے معاصر مغربی مصنفین سے بہتر شناخت کا تصور پیدا کیا۔ اس بنیادی طور پر رومانوی تصور پر سوال اٹھاتے ہوئے سعید (Said) لکھتے ہیں:

"جلاوطنی کو ایک مفید چیز سمجھنا اور اسے تخلیق کو مہمیز دینے والی کوئی چیز سمجھنا دراصل توڑ پھوڑ اور شکست وریخت کو حقیر جاننا ہے۔ کیونکہ جلاوطنی بنیادی طور پر ایک نامکمل وجود پیدا کرتی ہے جو اپنی جڑوں اپنی سرزمین اور اپنے ماضی سے منقطع ہوتا ہے"۔ ۱۵

لیکن سعید جلاوطنی کی ادبی نوعیت کو پہچانتا ہے۔ جو جلاوطنی کے غیر حقیقی دوہرے ویژن کو ایک بہتر شناخت اور زیادہ بامقصد زندگی کی طرف لے جاتا ہے۔ جلاوطنی میں رہنے والے مصنفین کا جمالیاتی پہلو، جلاوطنی کے حقیقی احساسات کی حقیقی ترجمانی نہیں کرتا۔ کیونکہ وہ اپنے منتخب کردہ ملک میں غیر متحرک کیفیت میں چلے جاتے ہیں۔ اپنی خود

نوشت میں پیبلو نیرودا (Pablo Neruda) لکھتا ہے۔

"جلاوطنی کی وجہ سے انسانی وجود کے منقسم ہونے کا خیال تقریباً تمام دنیا کی شاعری میں ملتا ہے۔ عوامی گلوکار تخیل میں اپنے پاؤں کو ایک جگہ اور گردوں کو دوسری جگہ پاتا ہے۔ اور اسی طرح اپنے تمام جسم کو بیان کرتا چلا جاتا ہے۔ جو اس نے پیچھے چھوڑ دیا اور دیہاتوں اور شہروں میں بکھر گیا۔ میں ان دنوں ایسا محسوس کرتا تھا۔"۱۶

اب جلاوطنی کی صورتحال کو محض جمالیاتی اور تخلیقی پیرائے میں نہیں لیا جاتا جیسا کہ ماضی کے مصنفین جمیز جوائس، ٹی۔ ایس ایلیٹ، اذرا پاؤنڈ یا استنبول میں آور باخ اور نیویارک میں ایڈورڈ سعید کی تخلیقی جلاوطنی میں نظر آتا تھا۔ فیض کو بھی ایک جلاوطن دانشور کے طور پر لیا جا سکتا ہے۔ جنہوں نے اپنے ملک کے بارے میں لکھتے ہوئے جلاوطنی کے نقطہ نظر کو استعمال کیا اس سے قطع نظر کہ کئی دوسرے جلاوطنوں کی طرح وہ اپنے ملک میں بھی جلاوطنی ہی کی زندگی گزارتے رہے۔

ایک اور نظم "سوچنے دو" جو انہوں نے ۱۹۶۷ء میں ماسکو میں کہی، فیض نے کسی بھی ملک سے وابستہ نہ ہونے اور اپنی بنیاد سے کٹ جانے پر جذبات کو بیان کیا:

ہم سے اس دیس کا تم نام ونشاں پوچھتے ہو
جس کی تاریخ نہ جغرافیہ اب یاد آئے
اور یاد آئے تو محبوب گزشتہ کی طرح
روبرو آنے سے جی گھبرائے۔۔۔ الخ

جلاوطنی وطن سے محض جسمانی طور پر دوری نہیں بلکہ یہ ایک ذہنی کیفیت ہے۔ جو ان لوگوں میں پیدا ہوئی جنہوں نے استبدادی حکومتوں کے سماجی اور معاشی استحصال کو قبول کرنے سے انکار کیا اور اپنے ملک میں رہتے ہوئے بھی جلاوطن ہی رہے۔

فیض اور مسئلہ فلسطین کے لیے جد وجہد:

شہاب احمد اپنے ایک مضمون میں لکھتے ہیں:

اردو شعرا کی فلسطین کے حوالے سے شناخت واضح طور پر اخلاقی اور تاریخی زاویہ نگاہ میں پیوست ہے۔ جو ایک سطح پر زاویہ نگاہ استعماری اور نو آبادیاتی بحث سے بھی تعلق رکھتا ہے۔ جو نو آبادیاتی یا نیو کلونیل دور میں وجود میں آئی۔ اس تناظر میں ویت نام کی طرح، مسئلہ فلسطین، اردو شاعری میں عالمگیر حیثیت حاصل کر چکا ہے۔ جو کہ قومی آزادی کی جد وجہد اور استعمار کے درمیان باہمی سطح پر ظلم اور بھی ہوئی محکوم آبادی کے درمیان کوشش کی ایک مثال ہے۔۱۷

فیض فلسطین کی حق خود ارادیت اور آزادی ریاست کے حصول کے ایک مضبوط حامی تھے۔ یہ ان کی انقلابی سیاست کا حصہ تھا۔ انہوں نے مسئلہ فلسطین پر کئی نظمیں لکھیں۔ ان کی شاعری کا پانچواں مجموعہ "سر وادی سینا" ۱۹۶۹ء میں شائع ہوا۔ یہ مجموعہ عرب، اسرائیل جنگ کے بعد شائع ہوا۔ جو ۱۹۶۷ء میں ہوئی اور جس کے نتیجے میں اسرائیل نے بہت سارے عرب حصے پر قبضہ کر لیا۔ فیض نے مسئلہ فلسطین پر کئی نظمیں لکھیں جن میں "فلسطینی بچے کے لیے لوری" اور "فلسطینی شہدا جو پردیس میں کام آئے" وہ نظمیں ہیں جو انہوں نے جنرل ضیاالحق کے فوجی دور حکومت میں بیروت میں جلاوطنی (۱۹۷۸ء سے ۱۹۸۲ء) کے دوران لکھیں۔ جہاں وہ فلسطینی مزاحمتی قائدین سے ملے جو فلسطین علاقوں پر اسرائیلی قبضے کی وجہ سے وہاں پر جلاوطنی کی زندگی گزار رہے تھے۔ ان میں سے آخر الذکر نظم کو ان کی "پاکستان سے اپنی جلاوطنی کے فصیح اظہار کے طور پر پڑھا جا سکتا ہے۔"

میں جہاں پر بھی گیا ارضِ وطن

تیری تذلیل کے داغوں کی جلن دل میں لیے

تری حرمت کے چراغوں کی لگن دل میں لیے

تیری الفت، تری یادوں کی کسک ساتھ گئی۔۔۔الخ

بالادستی اور استحصال کے خلاف فلسطین مزاحمت کا ایک استعارہ بن چکا ہے۔ غم میں لطف اندوز ہونے اور ظلم کے خلاف مکمل بے بسی دکھانے کے باوجود، فیض نے اپنی کچھ نظموں میں امید کا ایک بہت ہی مضبوط پیغام چھوڑا ہے۔ اس وقت وہ اقبال کی طرح محسوس ہوتے ہیں۔ جو وقت کے ظالموں کو چیلنج کرتے تھے۔ اور ان کے شکار افراد کو ظلم کے تاریک راستوں کے آخر میں روشنی کا مینار دکھاتے تھے۔ وہ عوام کو استعماری قوتوں کے خلاف جدوجہد کرنے پر آمادہ کرتے ہیں۔ جب فیض اپنے محبوب کو مخاطب کرتا ہے تو ایسا محسوس ہوتا ہے جیسے وہ اس میں انقلاب کی تجسیم کر رہا ہے۔ جیسے محبوب کا آنا اور ملنا محب کے لیے سرشاری کا سبب ہوتا ہے۔ اس طرح انقلاب عوام میں امید پیدا کرتا ہے۔ اور قانون کی بالادستی کے لیے راستہ تیار کرتا ہے۔

حوالہ جات و حواشی

۱۔ یہ مضمون مصنف کے انگریزی مضمون Romance and Revolution: Faiz and the Question of Postcolonial Intervention کا ترجمہ ہے جس کے لیے مصنف محمد شیر از، محمد علی اور اویس بن وصی کا شکر گذار ہے۔

۲۔ رابرٹ ینگ، Postcolonialism: An Historical Introduction ۔، آکسفورڈ، بلیک ویل، ۲۰۰۱ء، ص ۵

۳۔ ایضاً، ص ۶۴

۴۔ عانیہ لومبا، Colonialism/Postcolonialism، لندن / نیویارک،

Routledge، ۱۹۹۸ء، ص۱۹۸

۵۔ مزید تفصیل کے لیے دیکھئے رنجیت گوہا کی کتاب Subaliern Studies I، نیو دہلی، آکسفورڈ یونیورسٹی پریس، ۱۹۸۲ء، ج ۱۰

۶۔ مشیر الحسن India's Partition: Process, Strategy and Mobilization، نیو دہلی، آکسفورڈ یونیورسٹی پریس، ۲۰۰۱ء، ص ۴۲

۷۔ بحوالہ Gayatri Spivak, "Can the Subaltern Speak" ۱۹۸۵ b in Diana Brydon (ed), Postcolonialism: Critical Concepts in Literary and Cultural Studies (Vol ۵)۔ London & New York: Routledge, ۲۰۰۰۔ p۔ ۱۴۴۲

۸۔ اقبال احمد Between Past and Present: Selected Essays on South Asia آکسفورڈ یونیورسٹی پریس، کراچی، ۲۰۰۴ء، ص ۷۱

۹۔ بحوالہ، شاہد علی، آغا، The True Subject: The Poetry of Faiz Ahmed Faiz, Grand Street, Vol ۹۔ No ۲۔ (Winter, ۱۹۹۰) pp۔ ۱۲۹-۱۳۸،

۱۰۔ ایضاً، ص ۱۳۲

۱۱۔ عبد المغنی، ڈاکٹر، فیض کی دو آوازیں، مشمولہ افکار، کراچی، فیض نمبر بحوالہ فیض شاعری اور سیاست، فتح محمد ملک، سنگ میل پبلی کیشنز، لاہور، ۲۰۰۸ء، ص ۷۰

۱۲۔ شاہد علی آغا The Rebel's Silhousette، نیو دہلی، آکسفورڈ یونیورسٹی پریس، ۱۹۹۱ء، ص ۳۹

۱۳۔ ایڈورڈ سعید، Reflections on Exile and other literary and cultural essays، پینگوئن، لندن / نیویارک، ۲۰۰۱ء، ص ۱۷۵-۱۷۴

۱۴۔ Myriam Chancy, Searching for Safe Space: Afro-Caribbean Women Writers in Exile۔ Philadelphia: Temple UP, ۱۹۹۷p, ۱۔

۱۵۔ ایڈورڈ سعید، Reflections on Exile and other literary and cultural essays، پینگوئن بکس، نیو دہلی، ۲۰۰۱ء، ص ۱۷۵-۱۷۴

۱۶۔ پیبلو نیرودا، Memoirs، ترجمہ: ہارڈی مارٹن، پینگوئن بکس، ۱۹۷۸ء، ص ۱۷۳

۱۷۔ شہاب احمد، The Poetics of Solidarity: Palestine in Modern Urdu Poetry۔ Alif: Journal of Comparative Poetics, No۔ ۱۸۔ Post-Colonial Discourse in South Asia۔ pp۔ ۲۹-۶۴

(۵) فیض احمد فیض کا سیاسی شعور

ڈاکٹر عنبرین تبسم شاکر

Faiz is amongst those poets whose creations are based on the political awareness provided by "Taraqqi Pasand Tehrik." His political awareness was very much mature. In this article it will be tried to see different references of Faiz's political consciousness.

فیض کا نام ان تخلیق کاروں میں سرِ فہرست ہے جنھوں نے اپنی تخلیقات کی بنیاد ترقی پسند تحریک کے عطا کردہ سیاسی شعور پر رکھی اور دوسری طرف ان فنی اور جمالیاتی تقاضوں سے بھی عہدہ بر آ ہوئے جو اعلیٰ ادبی تخلیقات کی اساس ہیں۔ فیض ان ترقی پسند شعراء میں شمار ہوتے ہیں جنھوں نے اس نظریے کی ترویج میں قابلِ تحسین کردار ادا کیا ہے اور اس کردار کو نبھانے کے لیے جس سیاسی و ادبی شعور کی ضرورت تھی فیض کے پاس وہ موجود تھا۔ آزادیِ فکر، آزادیِ اظہار، احترامِ آدمیت اور انسانی اقدار کی بحالی اور پاسداری، یہ وہ عناصر ہیں جو فیض کی آواز کو ایک مخصوص نظریے ہی کی نہیں بلکہ ایک عہد کی توانا آواز بناتے ہیں۔ بقول ڈاکٹر جمیل جالبی:

فیض جبر و استحصال کے دشمن تھے۔ عدل و انصاف کے داعی تھے۔ عوام کو انسانی قوتوں کا سرچشمہ سمجھتے تھے۔ وہ عوام جن سے قوموں کی کھیتیاں سرسبز و شاداب ہو جاتی ہیں۔ صنعت و حرفت پھلنے پھولنے لگتی ہے اور زندگی کے چشمے ابلنے لگتے ہیں۔ ان کی شاعری عوام کی اسی قوت کی ترجمان ہے۔۱

اور یہی وہ عناصر ہیں جو ترقی پسندانہ سیاست کی بنیاد ہیں۔ فیض کا ترقی پسند تحریک

کے منشور سے نہ صرف قلب و جاں کا تعلق تھا بلکہ وہ اس کے بنیاد گزاروں میں شمار ہوتے ہیں۔ وہ نہ صرف مقامی سطح پر انسانی آزادی کے خواہاں تھے بلکہ آزادی کے اس عالمگیر احساس کی آواز تھے جو اس زمانے میں استعماری قوتوں کے خلاف واضح انداز میں پیدا ہو رہا تھا۔ فیض کے شعری رویّے اور اس رویّے سے مرتب شدہ سیاسی تفکر کے بارے میں سید خورشید عالم کہتے ہیں:

فیض کی شاعری میں تفکر کا دھارا اس عالمی تحریک اور ترقی پسندی کی جانب ہے جو سماج کی از سرِ نو تشکیل، آزادی اور برابری، ذاتوں اور ملتوں کی مفاہمت کو اپنے نظریہ کی بنیاد بنا کر سچائی کے سائے تلے ایک بہتر تہذیب کی تعمیر اس کا مطمح نظر ہے۔ فیض جانتے تھے۔۔۔ کہ وہ ایک فرد ہی نہیں بلکہ ایسے شاعر اور مصنف ہیں جو اپنے مخصوص وقت اور عہد میں ان تخلیقات کے موجد بنے ہیں جس کے لیے وہ اپنے سماج کے سامنے جواب دہ ہیں۔ ۲

فیض کی شاعری محض ایک فرد کی سوچ کے طور پر ظاہر نہیں ہوتی بلکہ اپنی ذات کو باقی دنیا کے ساتھ باہم متصل کرکے نہ صرف سماج کی آواز بنتی ہے بلکہ اجتماعیت کے کامل احساس کی آئینہ دار بھی ہے۔

فیض کی شاعری کا آغاز رومانوی تحریک کے دور سے ہوتا ہے اس لیے دیگر ترقی پسند شاعروں کی طرح ان کی ابتدائی شاعری میں بھی رومانوی لب و لہجہ غالب ہے۔ لیکن یہ رومانویت فیض کے مزاج کا حصہ ہے اور تادمِ آخر ان کی شاعری میں موجود رہتی ہے۔ فیض کی انفرادیت یہ ہے کہ انھوں نے اس رومانویت کو بھی سیاسی پس منظر کے ساتھ جوڑ کر اس کو اپنے شعری تفکر کا حصہ بنایا ہے۔ نتیجتاً ان کی رومانویت ان کے سیاسی فکر سے الگ نہیں رہتی۔

سیاسی اور سماجی بیداری کا ایسا دور جس میں مقصدی ادب کے سیلِ بلاخیز نے ادبی اقدار کو ثانوی حیثیت دے کر پیچھے کر دیا تھا، فیض کی آواز اپنے آدرش سے اپنا رشتہ استوار رکھنے کے ساتھ ساتھ اپنی جذباتی خوبصورتی کی وجہ سے بہت توجہ کھینچنے والی تھی۔

ڈاکٹر وزیر آغا کے بقول:

اردو نظم میں فیض کا یہ طریق کہ سماجی یا معاشی حقائق سے قاری کو متعارف کرنے اور اسے بہتر اور خوب تر مادی زندگی کی جھلک دکھانے کے لیے مقاومت کمترین کی نہج اختیار کی جائے، اردو ادب کے لیے اس قدر نیا تھا اور معاشی اور سیاسی بیداری کے دور میں اس کی جذباتی اپیل اتنی زیادہ تھی کہ دیکھتے دیکھتے نہ صرف انھیں عوام میں بے حد مقبولیت حاصل ہوئی بلکہ شعرا کے ایک پورے طبقے نے اس خاص میدان میں فیض کا تتبع بھی شروع کر دیا۔ فیض سے پہلے رومان اور حقیقت کے علیحدہ علیحدہ خانے تھے۔ ۳

فیض کے ہاں ان کی شعری کائنات میں سیاست ان معنوں میں بھی استعمال ہوتی ہے جو اسے محض آئینی، قانونی اور معاشی نظم و نسق کی حدوں میں قید کرتے ہیں۔ اس کے ساتھ ساتھ فیض کے سیاسی شعور میں لفظ سیاست ان معنوں کے علاوہ ظلم کے خلاف کاوش و کوشش، راست گوئی اور حق پرستی کے راستے کی علامت، بنی نوع انسان سے محبت اور ایک نظریہ اخلاق کے طور پر بھی موجود ہے۔ بقول احمد ندیم قاسمی:

فیض ان شاعروں میں سے نہیں جو خلا میں شاعری کرتے ہیں، اپنے ماحول سے کٹ کر مراقبہ کرتے ہیں اور اپنی روحوں پر اشعار کے نازل ہونے کا انتظار کرتے ہیں۔ فیض نے تو آج کی دنیا کے جملہ سیاسی، سماجی اور اقتصادی محرکات کے شور و شغب میں شعر کہے ہیں اور جو کچھ کہا ہے، بڑے اعتماد سے کہا ہے۔ اس لیے کہ اسے ساری عمر دنیا میں ابھرتے ہوئے نئے انسان کی صلابت اور قوت پر اعتماد ہے اور اسی لیے اس کا نغمہ ارضی

بھی ہے اور روحانی بھی۔۴

فیض کے اسی سیاسی شعور نے انھیں جبر زدہ ماحول اور مہر بہ لب فضا کے حبس زدہ
عالم میں وہ قوت عطا کی ہے کہ وہ ظلم کے دنوں کی گنتی گننے کی دعوت دے سکیں۔

اپنی ہمت ہے کہ ہم پھر بھی جیے جاتے ہیں

زندگی کیا کسی مفلس کی قبا ہے جس میں

ہر گھڑی درد کے پیوند لگے جاتے ہیں

لیکن اب ظلم کی میعاد کے دن تھوڑے ہیں

اِک ذرا صبر کہ فریاد کے دن تھوڑے ہیں

اجنبی ہاتھوں کا بے نام گراں بار ستم

آج سہنا ہے، ہمیشہ تو نہیں سہنا ہے

چند روز اور مری جان فقط چند ہی روز

("چند روز اور مری جان"، نقش فریادی)

فیض کی شاعری کا لب و لہجہ ان کے تہذیبی، ادبی، معاشرتی پس منظر اور ترقی
پسندی، روشن خیالی اور انسان دوستی کی فضا سے ترتیب پاتا ہے۔ اس فضا کی تخلیق میں ان
کا عصری اور سیاسی شعور کار فرما نظر آتا ہے۔ بقول اظہار کاظمی:

فیض کی وہ دنیا جو ان کی شاعری کے دوسرے دور میں نظر آتی ہے، وہ ایک ایسے
رومانی وجودی کی دنیا ہے جو حقیقت سے آنکھیں چار کرتے ہوئے آگے بڑھنے کے لیے
ہاتھ پاؤں مار رہا تھا اور سماجی ناانصافیوں، معاشی استحصال، مذہبی منافقت اور سیاسی جبر کو
اپنی آنکھوں سے دیکھ رہا تھا۔۵

اس سیاسی شعور کے کار آمد ہونے کا پختہ یقین ہی انھیں یہ لہجہ اختیار کرنے پر

ابھارتا ہے جو انھیں ظلم کی میعاد کی حدیں بھی دکھا دیتا ہے اور اجنبی ہاتھوں کے گراں بار
ستم کے خاتمے کے وقت کا تعین بھی کروا تا ہے۔ فیض کی شاعری کا یہ انداز ادا سی قنوطیت
اور نامرادی کا نوحہ نہیں ہے بلکہ روشن مستقبل کی خبر دیتا ہے اور ظلمتِ شب میں طلوعِ
سحر کی نوید سناتا ہے۔

جہاں پہ ہم تم کھڑے ہیں دونوں

سحر کا روشن افق یہیں ہے

("ملاقات"،زنداں نامہ)

ترقی پسند تحریک کا بنیادی نظریہ یہ تھا کہ وہ ادب کو مخصوص علاقے، تہذیب یا
اخلاقی اقدار کے لیے تخلیق نہ کرے بلکہ ترقی پسند ادب نے اپنے مخاطب تمام انسان
رکھے۔ اس طرح یہ تحریک سیاسیاتِ عالم کا حصہ بن جاتی ہے۔ فیض کے ہاں یہ سیاسی رویہ
بھی موجود ہے جب وہ فلسطین کے عرب زادے کی آزادی کے لیے امنگ اور افریقا کے
محکوم انسان کے ہاں غلامی کا طوق گردن سے اتار پھینکنے کا حوصلہ دیکھتے ہیں تو اس وقت ان
کے ہاں ایک جوش اور سرخوشی کا عالم نظر آتا ہے۔

میں ایفریقا ہوں، دھار لیا میں نے تیرا روپ

میں تو ہوں، میری چال ہے تیری ببر کی چال

آ جاؤ ایفریقا

آؤ ببر کی چال

آ جاؤ ایفریقا

("Africa Come Back"،زنداں نامہ)

اقبال کے بعد اپنی شعری مملکت میں جس شاعر نے ایک واضح سیاسی سمت وضع کی

وہ فیض ہی ہے۔ فیض کا نصب العین واضح ہے جس میں کوئی ابہام نہیں ہے۔ فیض کی شخصیت میں جو سنجیدگی اور متانت موجود تھی،ان کی شاعری میں بھی اس شخصیت کا عکس نظر آتا ہے۔ لہٰذا وہ ترقی پسند شاعر ہونے کے باوجود اس صف میں موجود بعض دیگر شاعروں کی طرح جذباتی اور تند و تیز لہجہ اختیار کرنے سے گریز کرتے ہیں۔ فیض کا کمال یہ ہے کہ نظریے کے پرچار کے باوجود ان کی شاعری پروپیگنڈہ نہیں بنتی۔ فیض نے اردو کی شعری روایت سے علیحدگی اختیار نہیں کی اور جدید شعری رویے کے امین بھی بن گئے۔ اپنے اس اجتہادی رویے کے ذریعے فیض نے ان شعری علامتوں کو بھی نئے معنوں اور نئے مفاہیم سے آشنائی دی جو روایتی عشق و عاشقی کے مضامین کے لیے استعمال ہوتی رہیں۔ فیض کے ہاں یہ علامتیں لفظی اعتبار سے تو وہی رہتی ہیں مگر ان کے معنی فیض کے مجموعی سیاسی افکار سے جڑے نظر آتے ہیں۔ ڈاکٹر انور سدید لکھتے ہیں:

فیض کی منفرد عطا یہ ہے کہ انھوں نے لفظ کے گرد نیا احساسی دائرہ مرتب کیا اور اسے سیاست آشنا بنا دیا۔۔۔ فیض نے نہ صرف نئے استعارے تخلیق کیے بلکہ قدیم شعرا کے مستعمل الفاظ کو بھی نئی تابندگی عطا کی اور ایسی تراکیب وضع کیں جن پر ساختہ فیض کی مہر ثبت ہے۔٦

فیض نے گل و بلبل، قفس و زندان، زنجیر و سلاسل، دار و رسن اور مے و ساغر جیسی روایتی علامتوں کو اپنے زمانے کی اقدار سے منسلک کر کے وہ سیاسی معنی عطا کیے جو ان علامتوں کی پہچان بن گئے۔ اپنے اس عمل سے فیض نے ایک نیا مکتب شاعری قائم کیا، جہاں عشقیہ علامتیں سیاسی رنگ اختیار کر کے نیا پن پیدا کرتی نظر آتی ہیں۔ عشق اور سیاست کے امتزاج کے حوالے سے فیض کی نظموں سے یہ ٹکڑے ملاحظہ ہوں:

تیرے ہونٹوں کے پھولوں کی چاہت میں ہم

دار کی خشک ٹہنی پہ وارے گئے

تیرے ہاتوں کی شمعوں کی حسرت میں ہم

نیم تاریک راہوں میں مارے گئے

سولیوں پر ہمارے لبوں سے پرے

تیرے ہونٹوں کی لالی لپکتی رہی

تیری زلفوں کی مستی برستی رہی

تیرے ہاتھوں کی چاندی دمکتی رہی

جب گھلی تیری راہوں میں شامِ ستم

ہم چلے آئے، لائے جہاں تک قدم

لب پہ حرفِ غزل، دل میں قندیلِ غم

اپنا غم تھا گواہی ترے حسن کی

دیکھ قائم رہے اس گواہی پہ ہم

ہم جو تاریک راہوں میں مارے گئے

("ہم جو تاریک راہوں میں مارے گئے"، زنداں نامہ)

عشقیہ واردات کو دوسرے سماجی اور سیاسی مسائل سے متعلق کر کے پیش کرنا نئی
اور قابل قدر چیز بنا۔ فیض کی شاعری رومان کے قالب میں سیاستِ دوراں کا منظرنامہ
ہے۔ محمد علی صدیقی فیض کے اس شعری اسلوب اور علامتوں کے مخصوص معانی کے
بارے میں لکھتے ہیں :

فیض کا شعری اسلوب نہ صرف روایت کے حسین ترین اجزاء سے متشکل ہوتا ہے
بلکہ وہ اسے اپنے مخصوص ماحول، تہذیب، نسلی شعور اور خیر و شر کے بارے میں روایتی

تصورات سے گزرتے ہوئے نئے عہد کے تقاضوں سے ہم آہنگ کر دیتے ہیں اور اس طرح فیض کے تصورِ روایت میں وہ سب کچھا جاتا ہے جو ان کے لیے سیاسی طور پر درست بھی ہوتا ہے۔۔۔ مخصوص سیاسی نصب العین، مخصوص جمالیاتی رویے پیدا کرتا ہے اور مخصوص رشتوں کی نشاندہی بھی۔ اس رویے سے علامتوں کو نئے سرے سے اپنانے کی خواہش پیدا ہوتی ہے۔ ۷

روایتی شعری علامتوں کو نئے مفاہیم میں اپنانے کی خواہش نے جب عملی صورت اختیار کی تو مضبوط اور قدیم روایت کے مضامین نئے دور کے موضوعات بن گئے۔

فیض کے ہاں علامتوں کے سلسلے میں ہونے والا یہ اجتہاد ان کے مجموعی شعری رویے کے تحت سیاسی نوعیت کا ہے۔ چمن، گلشن، قفس اور صبا فیض کے ہاں زیادہ استعمال ہونے والی علامتوں میں سے ہیں۔ چمن، قفس اور صبا فیض کے ہاں ایک تکون کی حیثیت رکھتی ہیں۔ چمن وطن کے لیے، قفس زندان کے لیے اور صبا اہل وطن اور اسیر زنداں کے درمیان رابطے کا نہ صرف ذریعہ ہے بلکہ یہ وہ علامت ہے جو اہل چمن اور اہل قفس دونوں کے لیے تازگی کا وسیلہ بنتی نظر آتی ہے۔ صبا کو کلاسیکی شاعری میں بھی پیام رسانی کا کام انجام دیتے دیکھا جاسکتا ہے مگر فیض کے ہاں صبا محض رابطہ کار ہی نہیں بلکہ اس کی ہم دم وہمراز بھی ہے اور فیض جس سیاسی نظریے کے پیروکار ہیں اس کے مطابق جو غلامی کی شب چمن پر چھائی ہے اس کے خاتمے کی نوید بھی صبا کا فرض ہے۔

کسی پہ قتلِ مہِ تابناک کرتے ہیں
کسی پہ ہوتی ہے سرمست شاخسار دونیم
کسی پہ بادِ صبا کو ہلاک کرتے ہیں
ہر آئے دن یہ خداوندگانِ مہر و جمال

("دریچہ"، زنداں نامہ)

بجھا ہے روزنِ زنداں تو دل یہ سمجھا ہے
کہ تیری مانگ ستاروں سے بھر گئی ہو گی
چمک اٹھے ہیں سلاسل تو ہم نے جانا ہے
کہ اب سحر ترے رخ پر بکھر گئی ہو گی
غرض تصورِ شام و سحر میں جیتے ہیں
گرفتِ سایۂ دیوار و در میں جیتے ہیں

("نثار میں تری گلیوں کے۔۔۔"، دستِ صبا)

یہی جنوں کا، یہی طوق و دار کا موسم
یہی ہے جبر، یہی اختیار کا موسم
قفس ہے بس میں تمھارے، تمھارے بس میں نہیں
چمن میں آتشِ گل کے نکھار کا موسم
بلا سے ہم نے نہ دیکھا تو اور دیکھیں گے
فروغِ گلشن و صوتِ ہزار کا موسم

("طوق و دار کا موسم"، دستِ صبا)

مندرجہ بالا نظموں کے مصرعوں میں قفس، چمن، صبا، سحر وغیرہ سیاسی معنوں میں استعمال ہوئے ہیں۔ فیض نے یہاں ان علامتوں کو ان مفاہیم سے آشنا کیا ہے جو ان کے شعری نظام فکر سے منسلک ہیں۔ ڈاکٹر انیس اشفاق ان علامتوں کے نئے معانی کے بارے میں لکھتے ہیں:

چمن غلام ملک ہندوستان کی علامت ہے۔ قفس وہ مقام ہے جہاں آزادی کا مطالبہ

کرنے والوں کو اسیر کر دیا گیا ہے۔ صبا ان بیرونی رابطوں کی علامت ہے جو کسی نہ کسی طرح اسیروں کو باہر کی خبر دیتے رہتے ہیں۔۸

چمن اور قفس فیض کی نظریاتی شاعری کی بنیادی علامتیں ہیں۔ صبا کی علامت کو ان کے ساتھ ملا کر فیض نے دراصل اس کیفیت کو بڑے جامع انداز سے پیش کیا ہے جو دورِ غلامی کی اضطرابی کیفیت کہی جاسکتی ہے۔ ان علامتوں کے استعمال سے فیض نے ایک ایسا پیرایۂ بیاں ایجاد کیا ہے جو فیض کے سیاسی شعری آہنگ کی پہچان بن گیا۔

فیض کی شاعری کا اہم ترین پیرایہ ان کے سیاسی شعور سے مملو وہ شاعری ہے جو انھیں نہ صرف معاصر ترقی پسند شاعری میں ممتاز بناتی ہے بلکہ ان کی شعری سرمائے کی نمائندہ ترین شاعری بھی ہے۔ انھوں نے تلخ صورت حال کے بیان میں بھی عمومی طور پر نرم اور مدھم لب ولہجہ اختیار کیا ہے۔ ڈاکٹر ابو سعید نور الدین لکھتے ہیں:

فیض کا تعلق بہت حد تک ترقی پسند تحریک سے رہا ہے۔۔۔ اس تحریک کے ماتحت اردو میں جو ادب وجود میں آیا، اسے باغیانہ ادب سے موسوم کیا جائے تو بے جانہ ہو گا لیکن اس سلسلے میں فیض کا لب ولہجہ ہمیشہ ذرا مدھم رہا ہے۔ ان کی لَے کبھی حدِ اعتدال سے آگے نہیں بڑھی۔۹

ترقی پسند تحریک کا اساسی تصور ایک ایسے انقلاب کی طرف پیش قدمی تھی جو غیر طبقاتی سماج کو وجود میں لائے۔ اس تحریک کے پیرو موجود سماج معاشرت اور سیاست سے اس حد تک نامطمئن تھے کہ ان کے نزدیک سماجی قدروں کو جڑ سے اکھاڑ پھینکنا ضروری تھا جو استحصالی نظام کی پہچان تھیں۔ چنانچہ سرخی شفق کی ہو یا لہو کی وہ مجموعی طور پر ترقی پسند ادب میں بھی اور فیض کے ہاں بھی انقلاب کی علامت بنی۔ اس طرح دارورسن کی علامت ایک طرف تو اس ناانصافی اور استحصالی روّیے کی نمائندہ بنی جو آمریت پسندوں

اور جمہوری قدروں سے ناآشنا متعدد قوتوں میں مروج تھا تو دوسری طرف یہ دارورسن انقلاب چاہنے والوں کے لیے حصولِ منزل کا وہ راستہ تھا جس پر چل کر وہ منزل پا سکتے تھے۔

اسی طرح "تاریکی" اور "سیاہی" ظلم اور استحصال کی ان قوتوں کی علامتیں ہیں جو انسان کی شخصی آزادی اور اقوام کی مجموعی آزادی کی سدِّراہ ہیں اور رات کی طرح ظلمت کا نشان نظر آتی ہیں۔ رات، تاریکی اور سیاہی کے ساتھ ہی فیض کے ہاں ان کے رجائی سیاسی لہجے کی بدولت سحر، صبح درخشاں، سورج اور روشنی نویدِ انقلاب اور اس نئی زندگی کی علامتیں ہیں جو نہ صرف فیض بلکہ مجموعی طور پر ترقی پسندوں کے لیے حاصلِ زندگی اور حاصلِ فن تھیں۔

رات کا گرم لہو اور بھی بہہ جانے دو
یہی تاریکی تو ہے غازۂ رُخسارِ سحر
صبح ہونے ہی کو ہے اے دِل بے تاب ٹھہر
("اے دلِ بے تاب ٹھہر"، دستِ صبا)

'سحر' کی علامت فیض کے ہاں ان کی اس نظریاتی جدوجہد کا حامل ہے جو جاری نظام کی ظلمت بھری رات کو توڑنے کے لیے شروع کی گئی ہے۔ سحر فیض کے لیے کسی موہوم اور ملگجی آزادی کا تصور نہیں بلکہ آزادی کا کامل تصور ہے۔ اور اگر کوئی سحر اس طرح طلوع ہو بھی گئی کہ اس پہ کامل سحر کا گماں نہ کیا جا سکے تو اس کو فیض نے مسترد کر دیا۔

یہ داغ داغ اُجالا، یہ شب گزیدہ سحر
وہ انتظار تھا جس کا، یہ وہ سحر تو نہیں
("صبحِ آزادی اگست ۴۷ء"، دستِ صبا)

ظلمت شب کی طوالت جس سحر کے انتظار میں برداشت کی گئی اس سحر کا نامکمل حالت میں ہونا، نہ ہونے کے برابر ہے۔ فیض اس پر کوئی سمجھوتہ کرنے کو تیار نہیں ہیں۔

ابھی گرانیِ شب میں کمی نہیں آئی
نجاتِ دِیدہ ودِل کی گھڑی نہیں آئی
چلے چلو کہ وہ منزل ابھی نہیں آئی
("صبحِ آزادی اگست ۴۷ء"، دستِ صبا)

فیض کا سیاسی عقیدہ اس نظریۂ حیات کا فروغ تھا جس میں سب انسان برابر تصور کیے جاتے ہیں۔ نام و نسب، مال و دولت اور جاہ و منصب جیسی خصوصیات انسانی برتری اور کم تری پر اثر انداز نہیں ہو سکتیں۔ مگر فیض جس دنیا کے باسی تھے وہاں تصور حیات اور نظامِ حیات ان کے نظریے سے مختلف تھا۔ اس سماج میں عام آدمی، شودر، ذلت، مزارعہ، ہاری اور کمی کمین جیسے القابات بلکہ حالات سے دوچار تھا۔ اس عالم میں فیض کو یہ انسان انسان کے درجے سے کم تر بلکہ خارج نظر آیا۔ یہ پسا ہوا انسان فیض کی نظم "کتے" میں علامتی انداز میں واضح طور پر نظر آتا ہے۔ یہ نظم اُن سیاسی و معاشرتی حقائق کی تلخی اور سنگینی کو بھی ظاہر کرتی ہے جن سے اس زمانے کا عام آدمی دوچار تھا اور فیض کے معاشرے اور سیاست کے اس غیر انسانی روّیے کے بارے میں شدتِ احساس کو بھی ظاہر کرتی ہے۔ زندگی گزارنے کے لیے چھوٹی سے چھوٹی ضرورت سے محروم انسان اِن ضرورتوں کے حصول کے لیے کتوں کی طرح باہم دست و گریباں نظر آتے ہیں اور ان کا یہ عمل اگرچہ انھیں انسانی سطح سے گرانے کا باعث ہے مگر اس کی وجہ وہ خود نہیں ہیں بلکہ وہ نظام ہے جو ان پر مسلط کر دیا گیا ہے۔

نہ آرام شب کو، نہ راحت سویرے

غلاظت میں گھر، نالیوں میں بسیرے
جو بگڑیں تو اِک دوسرے سے لڑا دو
ذرا ایک روٹی کا ٹکڑا دِکھا دو
یہ ہر ایک کی ٹھوکریں کھانے والے
یہ فاقوں سے اُکتا کے مر جانے والے
("کُتے"، نقش فریادی)

جمیل جالبی اس نظم کے بارے میں لکھتے ہیں:

فیض کی نظم "کتے" اردو ادب میں ایک نیا اضافہ ہے۔ اردو میں بہت کم نظمیں ایسی ہیں جو اس نوعیت اور صنف میں ملتی ہیں اور جو ہیں وہ اتنی خوش اسلوبی سے نہیں لکھی گئیں۔ "کتے" نیم سیاسی تمثیلچہ کی مثال ہے جس میں مضمون و معانی کے خزانے بکھرے پڑے ہیں۔ سو برس کی ہندوستانی زندگی کے اخلاق و کردار، تہذیب و تمدن، ذہنی رجحان، پستی و ذلت اور احساسِ کمتری کو اس نظم میں اتنے مختصر اور اس قدر جامع الفاظ میں سمو دیا ہے کہ نظم ایک معجزہ سی معلوم ہونے لگی ہے۔ ۱۰

اس طرح ان کی ایک اور نظم "شیشوں کا مسیحا کوئی نہیں" بھی اس پسے ہوئے انسان کی سرگزشت ہے۔ جو زمانے کے استبداد کے سیل رواں اور تھپیڑوں کی زد میں ہے۔ یہاں انھوں نے اس تھکے ہارے اور مظلوم انسان کو کانچ کے مانند قرار دیا ہے۔ جس پر چاروں طرف سے استحصال اور جبر کے پتھروں کی بارش ہے۔

ناداری، دفتر، بھوک اور غم
اِن سپنوں سے ٹکراتے رہے
بے رحم تھا چو مکھ پتھراؤ

یہ کانچ کے ڈھانچے کیا کرتے
سب ساغر، شیشے، لعل و گہر
اس بازی میں بد جاتے ہیں
اُٹھّو سب خالی ہاتھوں کو
اس رَن سے بلاوے آتے ہیں
("شیشوں کا مسیحا کوئی نہیں"، دستِ صبا)

اس نظم میں شیشے، لعل و گہر محنت کش عوام کی آرزو مندیوں، خوابوں، محرومیوں اور ان سے پیدا ہونے والے انقلابی عزائم کی علامت بن جاتے ہیں۔

"کتے" کے علاوہ فیض کے ہاں اسی طرح کی کچھ نظمیں ہیں جو اپنے اندر مجموعی تاثر میں سیاسی علامتیت رکھتی ہیں۔ ان میں "دریچے"، "سیاسی لیڈر کے نام" اور "بول کہ لب آزاد ہیں تیرے" وغیرہ شامل ہیں۔ دریچہ فیض کی شاعری میں استعمال ہونے والی وہ مثبت علامت ہے جو انھیں اس بند دنیا سے آزاد اور خوشگوار دنیا سے تعارف کا وسیلہ ہے۔ دریچے سے فیض نہ صرف تازہ ہوا کے متمنی ہیں بلکہ اس دریچے سے وہ دنیا کے اس تصور سے روشناس ہوتے ہیں جو عام انسانوں کی دنیا ہے۔ مزدوروں کی دنیا ہے، محنت کشوں اور کسانوں، دہقانوں کی دنیا ہے۔

"سیاسی لیڈر کے نام" ایک مخصوص سیاسی پس منظر کی حامل نظم ہے جس کا ذکر آگے چل کر آئے گا۔ اس نظم میں پراسرار خاموشی سے بھرپور تاریک رات جو مہیب بھی ہے، بھیانک اور پریشان کن بھی علامتی انداز میں آمرانہ دورِ استبداد و استحصال کی نمائندگی کرتی ہے۔ لیکن فیض اس ظلم کی علامت کو صبح کے اجالے اور روشنی کے سامنے ماند ہوتا ہوا دکھاتے ہیں۔ روشنی کا یہ احساس جو فیض کی شاعری کا خاصہ ہے، امید کی وہ

کرن جس کے سہارے فیض ایک سماجی اور سیاسی تبدیلی کے خواہاں نظر آتے ہیں، ان کے سیاسی شعور کی دین ہے۔

"بول کہ لب آزاد ہیں تیرے" آزادیِ گفتار اور انسانیت پر اعتماد کا درس دیتی نظم ہے۔ "آزاد لب" یہاں انسان ہی نہیں انسانیت کی آزادی کی علامت نظر آتے ہیں۔ جرمن مفکر کانٹ نے آزادی کو شہریوں کا پیدائشی حق تسلیم کیا ہے۔ ۱۱ فیض بھی اسی نقطۂ نظر کے داعی ہیں۔ اس نظم میں مصائب سے بلبلاتے انسانوں کا تذکرہ ملتا ہے جو مقہور بھی ہیں اور معذور و مجبور بھی۔ گویا یہ نظم مسائل انسانی کی ایک مجسم صورت ہے۔ تاہم فیض کا رجائی سیاسی و ادبی لہجہ یہاں بھی ان مسائل کے انبوہ میں ایک بہتر مستقبل کی نوید سنا رہا ہے۔ پوری نظم کا مجموعی لہجہ امید اور حق گوئی کی ترغیب دلاتا ہے اور حق گوئی کی علامت "بول کہ لب آزاد ہیں تیرے" کی وہ صدا ہے جو حق اور سچ کی علامت کے طور پر واضح ہوتی ہوئی نظر آتی ہے۔

فیض نے اس مملکت خداداد کے ان مقتدر لوگوں کے لیے بھی مختلف علامتیں استعمال کیں۔ یہ علامتیں اپنے لفظی پیکر میں پرانی ہیں مگر ان کی نئی معنویت فیض کی اس کی سیاسی فکر اور تلخیِ احساس کی ترجمان ہیں جو ان کے ادبی سیاسی شعور کی شناخت ہے۔ ان کے لیے فیض نے قاتل، بیدادگر اور جلاد جیسے ظاہری معنویت والے لفظ بھی استعمال کیے ہیں اور ساتھ ہی واعظ، ناصح، محتسب، شیخ، عدو، پند گر، اہلِ حکم، اغیار، اہلِ ہوس، مدعی، فقیہ شہر، رقیب، اہل ستم، گل چیں، رہزن اور اہل ہوس جیسے لفظ بھی علامت کے طور پر استعمال کیے ہیں۔ یہ ساری علامتیں سیاسی حوالوں کے طور پر فیض کی شاعری کی زینت بنتی ہوئی نظر آتی ہیں۔

سرخ اور سیاہ رنگ بھی فیض کی شاعری میں بنیادی علامتوں کے طور پر استعمال

ہوتے ہیں۔ سیاہ رنگ اس سماج کی نمائندگی کرتا ہے جو وراثت اور روایت میں ملا ہے اور فرسودگی کی نشانی ہے۔ اس سیاہ رنگ کی اس حکمرانی کو توڑنے کے لیے جس جدوجہد اور تگ و دو کی ضرورت ہے۔ سرخ رنگ انقلاب کی علامت کے طور پر موجود ہے۔ ان مصرعوں اور اشعار میں ان رنگوں کی علامتی نوعیت موجود ہے۔

آج تک سرخ وسیہ صدیوں کے سائے کے تلے
آدم و حوّا کی اولاد پہ کیا گزری ہے؟
موت اور زیست کی روزانہ صف آرائی میں
ہم پہ کیا گزرے گی، اجداد پہ کیا گزری ہے؟
("موضوعِ سخن"، نقشِ فریادی)

فیض کے سیاسی شعور نے ان کے ہاں انقلاب کا یقین پیدا کیا ہے اور اس سے ان کے لہجے میں بے پناہ رجائیت شامل ہوئی ہے۔ ان کی آنکھیں بے شک اشک بار ہیں مگر دل امید کی روشنی سے منور ہے۔

فیض کی نظر نہ صرف ملکی حالات پر تھی بلکہ بین الاقوامی دنیا کے سیاسی و سماجی حالات سے بھی وہ باخبر تھے۔ ان میں سے بعض ملکی اور بین الاقوامی سیاسی حالات و واقعات ان کی بعض نظموں کا براہِ راست محرک بنے ہیں۔ فیض کی نظم نگاری کا یہ رویہ انھیں اپنے عہد کے ایک حقیقت پسند شاعر کے طور پر سامنے لاتا ہے جس کی تخلیقات کا پس منظر وہ زمینی حقائق ہیں جو اس کی اپنی آنکھوں کے سامنے موجود ہیں۔ اس حوالے سے فیض کی چند نظموں کا مطالعہ دلچسپی سے خالی نہیں ہو گا تاکہ دیکھا جا سکے کہ سیاسی واقعات اور ان کی سیاسی بصیرت کس طرح ان کی تخلیقات میں بار پاتے ہیں۔

قیامِ پاکستان کے فوراً بعد فیض نے جو نظم "صبحِ آزادی" کے عنوان سے لکھی اس

نظم نے فیض کو اہلِ اردو میں اور مقبول بنا دیا۔ نظم پر اور فیض کی حب الوطنی پر شکوک و شبہات کا اظہار کیا گیا اور انھیں طعن و تشنیع کا نشانہ بنایا گیا۔ مگر جب جذبات پر حقائق غالب آئے تو لوگوں کو فیض کی نظم حرف بہ حرف سچ ماننا پڑی۔ نظم کے آغاز کے مصرعے ملاحظہ ہوں:

یہ داغ داغ اجالا یہ شب گزیدہ سحر
وہ انتظار تھا جس کا یہ وہ سحر تو نہیں
یہ وہ سحر تو نہیں جس کی آرزو لے کر
چلے تھے یار کہ مل جائے گی کہیں نہ کہیں
فلک کے دشت میں تاروں کی آخری منزل
کہیں تو ہو گا شبِ سست موج کا ساحل
کہیں تو جا کے رکے گا سفینۂ غمِ دل
("صبحِ آزادی اگست ۴۷ء"، دستِ صبا)

فیض نے محکوم و مجبور اقوام کی حمایت بلا تخصیص اور بلا تفریق کی ہے۔ فلسطین کے محکوم عوام ہوں، ایران کے یا پھر افریقہ کے، فیض نے دنیا کے ہر مظلوم کے لیے آواز اٹھائی ہے۔ افریقی عوام کی آزادی کی حمایت کے لیے ان کی نظم "آ جاؤ ایفریقا" مشہور ہے۔ یہ نظم ۱۹۵۵ء میں تخلیق ہوئی جب فیض راولپنڈی سازش کیس کے سلسلے میں جیل میں تھے۔ ایک قیدی سے زیادہ آزادی کی قدر و قیمت سے کون واقف ہو سکتا ہے۔ لہٰذا اس دور اسیری میں فیض نے دنیا بھر کے محکوم و غلام لوگوں اور اقوام کے لیے نظمیں لکھیں۔ نظم کی چند لائنیں ملاحظہ ہوں:

دھرتی دھڑک رہی ہے میرے ساتھ ایفریقا

دریا تھرک رہا ہے تو بَن دے رہا ہے تال
میں ایفریقا ہوں، دھار لیا میں نے تیرا روپ
میں تُو ہوں، میری چال ہے تیری ببر کی چال
"آجاؤ ایفریقا"
آؤ ببر کی چال
"آجاؤ ایفریقا"
("آجاؤ ایفریقا"، زنداں نامہ)

فیض کی معروف نظم "ہم بھی دیکھیں گے" ایرانی انقلاب کے حوالے سے تخلیق ہوئی ہے۔ ۱۹۷۹ء میں انقلابِ ایران ظہور پذیر ہوا، فیض جلاوطنی کی زندگی گزار رہے تھے اور لندن میں مقیم تھے۔ فیض جیسے سوشلسٹ خیالات رکھنے والے آدمی سے ایران کے خالص مذہبی نوعیت کے انقلاب کے لیے نظم کہنا اچنبھے کی بات تھی۔ آغا ناصر کے استفسار پر فیض نے کہا "بھئی انقلاب اسلامی اور غیر اسلامی نہیں ہوا کرتے۔ جب لوگ تخت و تاج کو الٹنے اور بادشاہی نظام کو تاراج کرنے کے لیے سڑکوں اور گلیوں میں نکل آئیں تو پھر یہ عوامی انقلاب بن جاتا ہے۔ ۱۲ فیض کی یہ نظم فکر اور آہنگ دونوں اعتبار سے بذاتِ خود انقلابی نظم ہے۔ فیض کی زندگی میں برپا ہونے والا یہ انقلاب ان کی نظریاتی ترجیحات کے مطابق تو نہ تھا لیکن ایک عوامی انقلاب ہونے کے باعث فیض اس کو تحسین کی نظر سے دیکھتے ہیں۔ نظم سے اقتباس ملاحظہ ہو:

ہم دیکھیں گے
لازم ہے کہ ہم بھی دیکھیں گے
وہ دن کہ جس کا وعدہ ہے

جو لوحِ ازل میں لکھا ہے
جب ظلم و ستم کے کوہِ گراں
روئی کی طرح اڑ جائیں گے
ہم محکوموں کے پاؤں تلے
جب دھرتی دھڑ دھڑ دھڑکے گی
اور اہلِ حَکَم کے سر اوپر
جب بجلی کڑ کڑ کڑکے گی
جب ارضِ خدا کے کعبے سے
سب بت اٹھوائے جائیں گے
ہم اہلِ صفا، مردودِ حرم
مسند پہ بٹھائے جائیں گے
("وَیَبقیٰ وَجہُ رَبّک"، مرے دل، مرے مسافر)

اس نظم میں فیض نے اجتماعی لہجہ اختیار کیا ہے اور وہ بے پناہ رجائیت جو ان کے تیقن کی عطا ہے، اس نظم میں پوری طرح جلوہ گر نظر آتی ہے۔ انھوں نے جلاوطنی کے اپنے ذاتی دکھ کو پیچھے چھوڑ کر اجتماعی کامیابی کو امید کی نظروں سے دیکھا ہے اور اس کی سرشاری ان کی رگ وپے میں اترتی ہوئی محسوس ہوتی ہے۔

سقوطِ ڈھاکا کے المیے پر بھی فیض نے کئی نظمیں لکھی ہیں۔ ان میں "حذر کرو مرے تن سے"، "تہ بہ تہ دل کی کدورت"، "غبارِ خاطرِ محفل ٹھہر جائے"، "رفیقِ راہ تھی منزل"، "پاؤں سے لہو کو دھو ڈالو"، "ڈھاکہ سے واپسی پر" وغیرہ شامل ہیں۔ یہ ایسا المیہ تھا کہ پوری قوم سیاسی ہزیمت کے احساس سے کراہ رہی تھی۔ اس کے ساتھ ساتھ سیاسی

وجوہ کی بنا پر بے گناہ انسانوں کا قتل عام فیض کے لیے ناقابلِ برداشت صدمہ تھا۔ اس المیے پر فیض ایسے دل گرفتہ ہوئے کہ اس موقع پر لکھی گئی نظموں میں ان کا وہ دھیما اور ضبط والا لہجہ ٹوٹتا ہوا دکھائی دیتا ہے۔ خاص طور پر "حذر کرو مرے تن سے" میں فیض نے دل چیر دینے والے لہجے میں بات کی ہے۔ بقول فتح محمد ملک:

"یہ نظم فیض کی خوبصورت ترین نظموں میں سے ایک نظم ہی نہیں بلکہ پاکستان کی تاریخ کی اہم ترین سیاسی دستاویزات میں سے ایک دستاویز بھی ہے۔"۱۳

نظم کے یہ مصرعے ملاحظہ ہوں:

حذر کرو مرے تن سے یہ سم کا دریا ہے
حذر کرو کہ مرا تن وہ چوبِ صحرا ہے
جسے جلاؤ تو صحنِ چمن میں دہکیں گے
بجائے سرو سمن میری ہڈیوں کے ببول
اسے بکھیرا تو دشت و دمن میں بکھرے گی
بجائے مشکِ صبا، میری جانِ زار کی دھول
حذر کرو کہ مرا دل لہو کا پیاسا ہے
("حذر کرو مرے تن سے"، سرِ وادیٔ سینا)

اسی طرح مشرقی پاکستان کی علیحدگی کا عمل مکمل ہو جانے کے بعد یہ قطعہ بھی فیض کے سیاسی شعور کی عمدہ مثال ہے:

رفیقِ راہ تھی منزل ہر اک تلاش کے بعد
چھُٹا یہ ساتھ تو رہ کی تلاش بھی نہ رہی
ملول تھا دلِ آئینہ ہر خراش کے بعد

جو پاش پاش ہوا اک خراش بھی نہ رہی

(قطعہ، غبارِ ایّام)

فیض کی فطری دردمندی کو ان کے سیاسی و سماجی شعور نے ایک ہمہ گیریت بخشی ہے۔ ان کی دردمندی کسی ایک فرد یا افراد کے کسی خاص گروہ کے ساتھ نہیں۔ اسی طرح ان کا یہ جذبہ کسی خاص دور یا وقت کے لیے بھی مخصوص نہیں بلکہ وہ ہر مظلوم فرد، ہر مظلوم گروہ، ہر مظلوم قوم کے ساتھ درد کا رشتہ رکھتے ہیں۔ اس کے باعث ان کی ایسی نظمیں جن کا آہنگ بظاہر طربیہ ہے، اپنی داخلی واردات میں حزنیہ لَے رکھتی ہیں اور یہی فیض کی شاعری کا فنی کمال ہے کہ وہ دل میں اترتی ہوئی محسوس ہوتی ہے۔

وطن سے محبت فیض کی سیاسی بصیرت کا ایک اہم پہلو ہے۔ "صبحِ آزادی اگست ۴۷ء" جیسی نظموں سے بعض ناقدین اس گمان میں مبتلا ہوئے کہ فیض نے قیامِ پاکستان کو قبول نہیں کیا۔ ایسا نہیں ہے۔ دراصل انھوں نے ان خوابوں کے بکھرنے کی بات کی ہے جو اس مملکت سے وابستہ تھے اور ان کا احتجاج دراصل وطن کے لیے ان کی محبت ہے کہ وہ جیسا اسے دیکھنا چاہتے ہیں، ویسا نہیں ہے۔ وطن سے محبت یوں تو فیض کی ساری شاعری میں رواں ہے مگر بعض نظموں میں نمایاں طور پر جھلکتی ہے۔ اس حوالے سے فیض کی نظم "دو عشق" قابلِ ذکر ہے جس میں وہ وطن کے ساتھ بھی اسی طرح کے عشق کا اظہار کرتے ہیں جیسے محبوبہ کے ساتھ۔

چاہا ہے اسی رنگ میں لیلائے وطن کو
تڑپا ہے اسی طور سے دل اس کی لگن میں
ڈھونڈی ہے یونہی شوق نے آسائشِ منزل
رخسار کے خم میں کبھی کاکل کی شکن میں

("دو عشق"، دستِ صبا)

مجموعی طور پر دیکھا جائے تو فیض کی نظم نگاری ایک سطح پر ترقی پسند تحریک کے زیر اثر ہونے والی شاعری کے بہترین نمونے فراہم کرتی ہے اور دوسری طرف اردو کی شعری روایت میں فکری اور اسلوبیاتی حوالوں سے نئے زاویے بھی فراہم کرتی ہے۔ فیض نے اپنے فکر اور فن دونوں کی تشکیل میں اپنی سیاسی بصیرت کا استعمال کیا ہے اور اس مدد سے اپنے عہد کے مسائل و مصائب کی تفہیم تک نہ صرف رسائی حاصل کی ہے بلکہ اپنے طور پر ان کا حل بھی پیش کرنے کی سعی کی ہے۔ یوں جدید اردو نظم میں فیض کی نظم عصری ادراک کے حوالے سے نمائندہ نظم بن کر سامنے آتی ہے۔

حوالہ جات

۱۔ جمیل جالبی، ڈاکٹر، "معاصر ادب"، سنگ میل پبلی کیشنز، لاہور، ۱۹۹۱ء، ص ۲۲۰

۲۔ سید خورشید عالم، "دستِ قاتل کو جھٹک دینے کا عمل" مشمولہ "فیض کے مغربی حوالے" مرتبہ: اشفاق حسین، جنگ پبلشرز، لاہور، ۱۹۹۲ء، ص ۱۱۹

۳۔ وزیر آغا، ڈاکٹر، "نظم جدید کی کروٹیں"، سنگت پبلشرز، لاہور، ۲۰۰۷ء، ص ۸۴

۴۔ احمد ندیم قاسمی، "فیض کا فن" مشمولہ "فیض کی تخلیقی شخصیت (تنقیدی مطالعہ)" مرتبہ: طاہر تونسوی، ڈاکٹر، سنگ میل پبلی کیشنز، لاہور، ۱۹۸۹ء، ص ۱۸

۵۔ اظہار کاظمی، "فیض احمد فیض: شاعرانہ اظہار اور سماجی و سیاسی تبدیلی" مترجم: اشفاق حسین مشمولہ "فیض کے مغربی حوالے" مرتبہ: اشفاق حسین، ص ۳۹۲

۶۔ انور سدید، ڈاکٹر، "اردو ادب کی تحریکیں"، انجمن ترقی اردو پاکستان، کراچی،

۱۹۹۴ء، ص۵۱۳

۷۔ محمد علی صدیقی، "فیض احمد فیض اور روایتی شعری زبان" مشمولہ "ادبیات" اسلام آباد، جنوری تا مارچ ۲۰۰۹، ص۱۲۶

۸۔ انیس اشفاق، ڈاکٹر، "فیض کی شاعری میں صبا کی علامت" مشمولہ "علامت کے مباحث"، ص۳۶۶

۹۔ ابو سعید نور الدین، ڈاکٹر، "تاریخ ادبیات اردو" حصہ دوم (اردو نظم)، مغربی پاکستان اردو اکیڈمی، لاہور، ۱۹۹۷ء، ص۱۰۵۷

۱۰۔ جمیل جالبی، "نئے شاعر۔۔۔ فیض احمد فیض" مشمولہ "ماہِ نو" فیض نمبر، شمارہ ۵، جلد ۶۱، مئی جون ۲۰۰۸ء، ص ۲۸۴

۱۱۔ کانٹ بحوالہ سلام سندیلوی، "ماحول اور مزاج"، سفینۂ ادب، لاہور، س ن، ص۱۴۹

۱۲۔ آغا ناصر، "ہم جیتے جی مصروف رہے"، سنگ میل پبلی کیشنز، لاہور، ۲۰۰۸ء، ص۹۸

۱۳۔ فتح محمد ملک، "فیض: شاعری اور سیاست"، سنگ میل پبلی کیشنز، لاہور، ۲۰۰۸ء، ص۶۰

***

اردو تنقید کے موضوع پر یادگار مقالہ

تنقید اور ادبی تنقید

مصنف: کلیم الدین احمد

بین الاقوامی ایڈیشن منظر عام پر آ چکا ہے